Griffel | Den Islam denken

[Was bedeutet das alles?]

Frank Griffel

Den Islam denken

Versuch, eine Religion zu verstehen

Reclam

3. Auflage

RECLAMS UNIVERSAL-BIBLIOTHEK Nr. 19548
2018 Philipp Reclam jun. GmbH & Co. KG,
Siemensstraße 32, 71254 Ditzingen
Gestaltung: Cornelia Feyll, Friedrich Forssman
Druck und Bindung: Kösel GmbH & Co. KG,
Am Buchweg 1, 87452 Altusried-Krugzell
Printed in Germany 2020
RECLAM, UNIVERSAL-BIBLIOTHEK und
RECLAMS UNIVERSAL-BIBLIOTHEK sind eingetragene Marken
der Philipp Reclam jun. GmbH & Co. KG, Stuttgart
ISBN 978-3-15-019548-2

Auch als E-Book erhältlich

www.reclam.de

Inhalt

I. Der Islam, eine blühende Distel?

Hadschi Murat heißt die Erzählung, die ihr Autor Leo Tolstoi (1828–1910) bei sich trug, als er nach einem Streit mit seiner Frau und seinen Kindern 1910 das Familienanwesen Jasnaja Poljana, etwa 200 Kilometer südlich von Moskau, verließ. Im Verlauf von wenigen Tagen starb er geschwächt von den Anstrengungen und der Reise in einer etwa eine Tagesreise entfernten Bahnstation.

Die Handlung von *Hadschi Murat* führte den greisen Tolstoi zurück in die Erlebnisse seiner Jugend. Tolstoi wurde als privilegierter Aristokratensohn auf Jasnaja Poljana geboren. Später wuchs er in Kasan auf, einer Stadt mit mehr Moscheen als Kirchen, wo er sich auch für das Studium der orientalischen Sprachen einschrieb. Kasan ist heute die Hauptstadt von Tatarstan, einer mehrheitlich muslimischen Teilrepublik Russlands und war Ende des 19. Jahrhunderts das russische Zentrum der arabischen, persischen und auch türkischen Philologie. Zumindest für ein Jahr nahm Tolstoi am regen akademischen Leben der Orientalistik Teil. Anders als viele seiner Zeitgenossen in Russland und in Europa, für die der Islam eine geheimnisumwobene und auch bedrohliche Religion jenseits der eigenen Grenzen war, hatte Tolstoi zumindest eine Idee vom Islam, und er schrieb mit *Hadschi Murat* eine Geschichte von Europas Konfrontation mit Muslimen.

In Russland fand diese Konfrontation – damals wie heute – vor allem im Kaukasus statt. Seit der Wende zum 18. Jahrhundert versuchte das imperiale Russland sich die Kaukasusregion untertan zu machen. Es stieß dabei auf heftigen Widerstand, vor allem unter den muslimischen

Völkern der Tschetschenen und Awaren. Der russische Eroberungsdruck schuf eine islamisch orientierte Militärbruderschaft, die »Muriden«. Die Muriden waren eine religiöse Erneuerungsbewegung, die den gesamten Kaukasus in ihren Bann zog. Nachdem Tolstoi erst in der Orientalistik und danach auch an einem Jurastudium gescheitert war, reiste er 1851 23-jährig in den Kaukasus und meldete sich im darauf folgenden Jahr freiwillig für ein dort stationiertes Artillerieregiment. Die Brutalität der russischen Eroberungsmaschine, die nicht davor zurückschreckte, Frauen und Kinder als Vergeltung für eigene Verluste zu ermorden, und die eine Strategie der verbrannten Erde verfolgte, wurde von Tolstoi Zeit seines Lebens in mehreren Erzählungen angeprangert. *Hadschi Murat* war die letzte davon – sie erschien erst nach seinem Tod.

Erzählt wird vom Leben und vor allem vom Tod des Hadschi Murat, eines wegen seines Muts und seiner Gewalttätigkeit berüchtigten Anführers der Muriden, der 1851 zu den Russen überlief, dann aber getötet wurde, als er enttäuscht von der Bürokratie des russischen Militärapparats wieder in die Berge zurückkehren wollte. In unserer Sprache des 21. Jahrhunderts wäre Hadschi Murat ein muslimischer Terrorist. Die Muriden-Bewegung, die er mit aufgebaut hatte und die sich auf schon vorhandene Sufi-Netzwerke der Nakschbandija-Bruderschaft gründete, würden wir heute eine islamische Terrororganisation nennen. Tatsächlich sah der imperiale Krieg, den Russland in der Mitte des 19. Jahrhunderts im Kaukasus geführt hat, gar nicht viel anders aus als jene zwei Kriege, die Russland innerhalb der beiden Jahrzehnte um die Jahrtausendwende, nämlich 1994–1996 und 1999–2009, in Tschetschenien führte. Auch hier war der Gegner eine muslimische Erneuerungsbewegung, die diesmal weniger auf Sufi-Bruderschaften – die waren lange zerstört –, sondern auf der Ideologie des islamischen Fundamentalismus aufbaute. Muslimische Rebellen wollten in Tschetschenien nach dem Untergang der Sowjetunion eine von Russland unabhängige Republik errichten. Dieses Projekt zog viele islamistische Kämpfer, vor allem aus arabischen Ländern, an. Jene Mudschaheddin unterstützten die Tschetschenen in ihrem als Dschihad verstandenen Unabhängigkeitskrieg und trugen nicht unbedeutend zur zunehmenden Radikalisierung der Bewegung und ihrer Ziele bei. 1996 erzielten die muslimischen Kämpfer zumindest einen Teilerfolg, als der erste Tschetschenienkrieg mit einem weitgehenden russischen Truppenabzug endete. Es zeigte sich aber bald, dass für die Dschihadisten Tschetschenien nur ein Sprungbrett für die Etablierung eines größeren islamischen Staates im Kaukasus war. Ihnen ging es darum, nach Tschetschenien auch Dagestan, die Heimat der Awaren – also Hadschi Murats Volk – zum Widerstand gegen Russland anzustacheln. Dies führte 1999 zu einer Wiederaufnahme der Kämpfe, die Russland dann 2001 und 2002 für sich entschied. Seit 2007 herrscht mit Ramasan Kadyrow ein Handlanger Putins über die Teilrepublik Tschetschenien, dessen serviles Einschmeicheln selbst dem russischen Präsidenten peinlich zu sein scheint.

Selbstmordattentate von Männern und – ab dem Jahr 2000 – auch von Frauen, Bombenanschläge auf militärische und zivile Ziele in Russland, Überfälle auf sogenannte weiche Ziele wie Krankenhäuser oder Theater: All dies gehörte zum Repertoire der tschetschenischen Rebellen, die 2003, als sie den Krieg schon verloren hatten, auch von den USA in deren Liste terroristischer Organisationen aufgenommen wurden. 2002 starben 129 Geiseln im Moskauer Dubrowka-Theater – fast genauso viele Opfer wie bei den Pariser Anschlägen im November 2015, wo das Bataclan-Theater eines der Ziele gewesen war. Die Verantwortung für den Moskauer Anschlag übernahm damals Schamil Bassajew, Anführer einer Rebellengruppe und lange Zeit der meistgesuchteste Mann Russlands. Er wurde 2006 unter ungeklärten Umständen wohl vom russischen Geheimdienst getötet.

Für viele seiner Zeitgenossen war Hadschi Murat der Bassajew des 19. Jahrhunderts: ein barbarischer und menschenverachtender Mörder, angetrieben von religiösem Fanatismus. Und dennoch hat Tolstoi sich ihn als Held einer Erzählung ausgesucht. Basierend auf einem offiziellen Militärreport lässt Tolstoi Hadschi Murat sein Leben einem russischen Offizier erzählen. Mord, Brandschatzen, Verrat und Gegenverrat, all dies lässt Tolstoi mit keiner Silbe aus. Und dennoch zeichnet Tolstoi Hadschi Murat nicht als einen Antihelden, nicht als Terroristen. Aus jeder Zeile, mit der er die russische Armee und den hinter ihr stehenden Staatsapparat beschreibt, spricht eine Abscheu gegen die Brutalität ihres Militarismus, der sich gegen den Feind, aber auch gegen die eigenen Soldaten richtete. Hinzu kommt die Korruption der russischen Aristokratie, die das Militär befehligt, und zwar bis hinauf zum Zaren, der hier als alternder, geiler Schürzenjäger dargestellt wird, und der in fast vollständiger Unkenntnis der Situation im Kaukasus als oberster Befehlshaber verheerende Beschlüsse fasst, die tausenden Zivilisten das Leben kosten.

Wollte man heute eine Erzählung wie Tolstois *Hadschi Murat* schreiben, man müsste sie vielleicht »Usāma bin Lādin« oder »Abū Bakr al-Baġdādī« betiteln. Beide waren oder sind nicht gerade bekannt für ihren persönlichen Mut und ihren Einsatz auf dem Schlachtfeld. Dennoch galt Usāma bin Lādin Zeit seines Lebens als Gallionsfigur des weltweiten Dschihadismus eben deshalb, weil er so viele Ideale dieser Bewegung in seiner Person verband. Geboren in die immens wohlhabende Oberschicht Saudi Arabiens, gab er all seinen Reichtum auf und steckte ihn in den Dschihad gegen die kommunistische – also atheistische – Besetzung Afghanistans. Später, nachdem er meinte, diesen ersten Dschihad gewonnen und die Sowjetunion zerstört zu haben, begann er einen zweiten gegen den zunehmenden Einfluss der USA im Nahen und Mittleren Osten.

Wie bei Tolstois Hadschi Murat kann man bei Usāma bin Lādin hinter all dem Morden und Brandschatzen ein Ziel erkennen: Beide kämpften für eine islamistisch verstandene Idee von Unabhängigkeit. Wie würden wir heute auf eine Erzählung reagieren, in der Usāma bin Lādin Gelegenheit bekäme, die eigene Sicht seines Lebens zu präsentieren, gefolgt von der drastischen Schilderung ausgewählter militärischer Schläge im Nahen Osten – einschließlich ihrer Kollateralschäden – sowie dem geheimen Protokoll eines Treffens westlicher Entscheidungsträger – George W. Bush und Dick Cheney vielleicht – mit Lobbyisten aus Öl- und Rüstungskonzernen?

Tolstois Erzählung besticht durch eine Ehrlichkeit, die unser eigenes Engagement mit dem islamischen Dschihadismus dieser Tage vermissen lässt. Er verschweigt weder die Brutalität der muslimischen Rebellen noch die menschenverachtende Kriegsführung der russischen Armee. Dadurch, dass Tolstoi die Gewalt beider Seiten in fast gleicher Quantität und Qualität schildert, wird deutlich, dass die eine Gewalt um der anderen willen existiert. Kein russisches Metzeln ohne muslimischen Widerstand, keine Gräueltaten der Muriden gegen Awaren, die den Verräter Hadschi Murat beherbergen, ohne russischen Imperialismus. Kein Schreiben über muslimische Rebellen und Terroristen, ohne über sich selber zu schreiben. Gewalt bedingt Gegengewalt, was die Frage nach dem ersten Ursprung aufkommen lässt. Für den modernen Leser Tolstois liegt die Antwort in der Person Zar Nikolaus I, der hier als Spielball imperialer Interessen geschildert wird, die auf ihn einwirken, die er selber aber durch seine Herrschsucht und seine Ignoranz herausfordert und bestärkt. Das war und ist Imperialismus, damals wie heute: ökonomische Interessen, bestärkt durch Herrschsucht und Ignoranz.

Ein Motiv im Text ist besonders interessant: Der Erzähler – vielleicht Tolstoi? – beschreibt, wie er über eine sommerliche Wiese spaziert und dabei allerlei farbige Blumen aufsammelt. Bald trifft er auf eine blühende Distel, genauer eine »Tatarendistel«, wie sie laut Tolstoi vom Volk genannt wird. Sie besticht sowohl durch die Länge und Schärfe ihrer Stacheln als auch durch die Schönheit ihrer Blüte. Er versucht sie mit einem Taschentuch zu pflücken, doch das misslingt; der Stamm zerbricht und die Stacheln schneiden sich durch den Stoff.

> Ich bedauerte, die Blume, die an ihrem Platze recht schön gewesen war, unnützerweise abgerissen zu ha-

> ben, und warf sie fort. »Welche Energie, welche Lebenskraft steckte doch in dieser Blume!« ging es mir durch den Sinn, als ich an die Anstrengung dachte, die es mir gekostet hatte, sie zu pflücken. »Wie verzweifelt hat sie sich gewehrt, wie teuer ihr Leben verkauft!«[1]

Der Erzähler trifft auf dem Heimweg ein zweites Mal auf eine Tatarendistel, diesmal auf einem frisch gepflügten Acker, auf dem nichts außer dieser einzigen Distel steht. Sie wurde übergepflügt, kam dann zurück, und wurde nochmals von einem Wagenrad überfahren.

> »Welche Energie!« dachte ich – »alles hat der Mensch hier besiegt, Millionen von Kräutern und Gräsern hat er vernichtet, und nur dieses eine ergibt sich nicht.«[2]

Das Wort »Tatar« wurde im Russischen des 19. Jahrhunderts oft als verunglimpfende Bezeichnung für mongolisch- und türkischstämmige Völker benutzt – vor allem aber für jene Völker unter russischer Herrschaft, die muslimisch waren. Hadschi Murats Muttersprache zum Beispiel, das Awarische, wird von Tolstoi hier mit der Vereinfachung, die jedem Rassismus eigen ist, und der sich auch Tolstoi nicht gänzlich entziehen konnte, nur »Tatarisch« genannt. Es ist unschwer zu erraten, wofür die Tatarendistel steht, nämlich für die muslimischen Bergvölker des Kaukasus, deren Widerstand vor allem islamisch organisiert war. Doch was soll hier eigentlich ausgesagt werden? Der Islam sei eine bildhübsche, aber stachelige Blume, die sich nicht domestizieren lässt, ohne sie zu zerstören, und die sich selbst in feindlichster Umgebung durchsetzt?

Wer heutzutage die Zeitungen aufschlägt, mag genügend Gründe sehen, Tolstoi in Bezug auf die Stacheligkeit dieser Distel zuzustimmen. An jedem gegebenen Tag mag irgendwo auf der Welt, entweder in Afghanistan, Syrien, Irak, Tschetschenien, den Philippinen oder in Europa, ein Terroranschlag mit islamistischem Hintergrund stattfinden. Auch wir in Deutschland finden, dass es nicht immer einfach ist, mit Muslimen im Alltag umzugehen, und empfinden nicht selten deren ungewöhnliche Kleidung – manchmal als Kopftuch, manchmal als Gesichtsschleier – abweisend, ganz so wie Stacheln an einer Distel. Und geht mit dieser Distel tatsächlich Schönheit einher? Ist die Schönheit des Islams nicht vielmehr ein Phänomen der Vergangenheit, mag man Tolstoi fragen, repräsentiert zum Beispiel in den Bauten gewesener muslimischer Tage, dem Tadsch Mahal, der Moschee in Cordoba oder dem Felsendom in Jerusalem? Ist die Schönheit des Islams – wenn man denn überhaupt davon sprechen will – nicht längst verwelkt?

Tolstoi hat mit *Hadschi Murat* eine kühne Erzählung geschrieben, die nirgendwo über die Geschichte des Islams monologisiert, sondern sich ganz der muslimischen Bewegung im Kaukasus seiner Zeit, – oder genauer: 50 Jahre zuvor –, widmet. Wo wir heute Tolstois Distel als Symbol für den Islam verstehen, mag gar mancher seiner Zeitgenossen die Distel als Sinnbild für Hadschi Murat und seine Bewegung gesehen haben. Tolstoi hat ohne Frage Courage bewiesen, als er das Bild von der schönen Distel schuf. Seine Erzählung lädt auch heute noch, nach so langer Zeit, dazu ein, hinter die Konflikte zu sehen, die unser Bild vom Islam prägen.

Dies Buch verfolgt ein ähnliches Ziel mit weit begrenzteren literarischen Mitteln. Es versucht Fragen zu beantworten, die der Islam aufwirft und die sich fast jede oder jeder stellen wird, der oder die sich auch nur ein wenig mit dem Islam befasst. Was ist das eigentlich: »Islam«? Ist es eine Religion, so wie das Christentum oder der Protestantismus, die von ähnlichen Auseinandersetzungen mit der weltlichen Macht und der Vernunft geprägt wurden? Gab es im Islam einen Konflikt zwischen Glauben und Wissen? Gab es Säkularismus im Islam und gibt es ihn heute? Und wenn nicht, hat dann der Islam nicht eigentlich die Reformation Martin Luthers (1483–1546) versäumt und sollte sie nachholen? Schließlich die Verbrechen islamischer Terrororganisationen: Wie kann man darüber anders denken, als dass es blutrünstige Racheakte von fanatischen Glaubenskriegern sind, die mit Ideen aus dem islamischen Mittelalter einer Gehirnwäsche unterzogen wurden?

Dieses Buch versucht auf den kommenden Seiten, diese und ähnliche Fragen zumindest anzusprechen, auch wenn es nicht immer zufriedenstellende Antworten bieten kann.

II. Die Moderne – Und wie der Islam zu ihr kam

Mir geht es im Folgenden nicht darum zu zeigen, welche Stacheln der Islam wo und warum hat und an welchen anderen Stellen die Schönheiten liegen. Ich möchte den Islam weder verteidigen noch ihn anprangern. Das geschieht häufig genug dieser Tage und führt doch letztlich zu nichts. Vielmehr möchte ich, um noch ein letztes Mal bei Tolstois Bild zu bleiben, aufzeigen, dass wir häufig eine Gänseblume, einen Löwenzahn oder vielleicht auch einen Kaktus erwarten, wenn wir uns Gedanken über den Islam machen, dann aber genau das bekommen, was Tolstoi auf seiner Wiese fand – etwas ganz Unerwartetes und auf seine Art sehr Faszinierendes. Anders als Tolstoi verstört uns das häufig, und wir haben weder die Geduld noch den Mut, genauer hinzusehen. Damit meine ich, dass wir mit gewissen Erwartungen an den Islam herantreten, die dieser so aber gar nicht erfüllen kann – ähnlich wie eine Distel nicht die Erwartungen erfüllen kann, die wir an ein Gänseblümchen oder einen Kaktus haben – und uns deshalb enttäuscht. Dieses Buch ist also nicht nur ein Buch über den Islam, sondern vor allem ein Buch über uns selbst – wir, also wir Deutschen im 21. Jahrhundert – und unser Denken über den Islam.

Unangemessene Ansprüche aneinander zu haben, betrifft den Lebensbereich der Religion mehr als andere, weil, wie sich zeigen wird, unser Denken über Religion so sehr von unserer eigenen religiösen Tradition bestimmt ist. Wir können offenbar nur dann mit anderen Religionen umgehen, wenn wir diese gedanklich an die uns prägende Religion, das Christentum, anpassen. Tatsächlich sind viele Religionen der Welt in den letzten 200 Jahren an das Christentum, und ganz besonders an das protestantische Christentum, angeglichen worden. Dieser Angleichungsprozess, vor allem außereuropäischer Religionen, ist ein Teil dessen, was wir »die Moderne« nennen.

Die Epoche der Moderne begann in Europa in der ersten Hälfte des 19. Jahrhunderts und war eine Folge der industriellen Revolution. Die industrielle Revolution veränderte die Lebenswelt der einfachen Menschen in Europa auf eine radikal neue Weise. Da ist zum einen die enorme Steigerung der Produktivität, d. h. der Leistung, die ein Mensch mit einer gegebenen Zeit aus einer bestimmten Arbeit vollbringen kann. Während die Landbevölkerung in Mitteleuropa vor der industriellen Revolution allein das Pferd zusammen mit einigen Werkzeugen, wie dem Pflug oder der Egge, als Hilfsmittel beim Ackerbau verwendete, und das größte Hindernis, nämlich die Auszehrung des Bodens, nicht wirklich überwinden konnte, standen mit der industriellen Revolution nicht nur eine nachhaltige Lösung dieses Problems zur Verfügung (Kunstdünger), sondern auch eine Vielzahl von neuen Werkzeugen, die die Arbeit so sehr erleichterten, dass ein Bauer statt zusammen mit einem Pferd einen Morgen Land an einen halben Tag zu pflügen, dies nun mit einem Traktor in einer Stunde schaffte. Gleichzeitig stieg der Ertrag dieses Morgen Lands so sehr, dass damit weit mehr Menschen ernährt werden konnten als vor der industriellen Revolution. Diese Produktivitätssteigerungen betrafen jeden Lebensbereich und machten das Leben der Menschen im 19. Jahrhundert grundsätzlich einfacher.

Zum Beispiel wurde das Reisen durch Eisenbahnen und Dampfschiffe schneller und bequemer, die Produktion von Kleidern durch Webmaschinen billiger und besser, das Aufbewahren von Lebensmitteln durch Kühlhäuser und später Kühlschränke leichter und die Lebensmittel damit gesünder.

Produktivitätssteigerungen und besseres Leben allein führten aber nicht zur Moderne als einer Kulturepoche. Dazu musste sich das Denken der Menschen so sehr von dem ihrer Vorfahren verändern, dass wir von einer neuen Epoche reden können. Schlüsselerlebnis für die aufkommende Moderne waren die veränderten Erwartungen, die die Menschen an ihr Leben und vor allem ihre Lebenswelt hatten. Im 19. Jahrhundert erwarteten die Menschen – und hier meine ich alle Menschen, nicht nur die Oberschicht oder die Elite – eine stetige Verbesserung ihrer Lebensverhältnisse. Sie erwarteten Fortschritt! Diese Erwartung nährte sich aus der Erfahrung, dass die Produktivität der Arbeitsleistung stetig stieg und dass der Lebensstandard der Menschen in den mitteleuropäischen Gesellschaften kontinuierlich besser wurde. Die gewöhnlichen Menschen in den vormodernen Gesellschaften des Mittelalters und der frühen Neuzeit hatten eine solche persönliche Erfahrung von Fortschritt nicht gemacht.

Diese neue Erwartung von Fortschritt lässt sich sogar in Zahlen fassen. Das Lebensziel, ja der Lebenszweck eines Individuums in einer vormodernen Gesellschaft bestand in der biologischen Reproduktion, also darin, möglichst viele Kinder zu bekommen. Die Gesellschaft war voll von Ermahnungen und Erinnerungen, dass man sich diesem Ziel mit Nachdruck widmen sollte. Häufig lebte man nahe bei den eigenen Eltern, die allein durch ihre tägliche Präsenz daran erinnerten, dass man auch selber viele Kinder haben sollte. Kinder bedeuteten Arbeitskräfte, also Reichtum und zudem soziale Sicherheit. Viele Kinder zu haben, stellte eine sinnvolle soziale Investition dar, und zwar sowohl für die einzelnen Familien (etwa als Sicherung im Alter) als auch für die Gesellschaft als Ganzes. Vormoderne Gesellschaften wiesen eine relativ hohe Geburtenrate auf, die allerdings meist nur ein geringes Wachstum der Gesellschaft zur Folge hatte, denn häufig starben Kinder früh. Auch Erwachsene hatten eine weit geringere Lebenserwartung als später in modernen Gesellschaften. Als sich dann im 19. Jahrhundert die Lebensverhältnisse verbesserten, die Kindersterberate drastisch zurückging und auch die Lebenserwartung stieg, explodierten die Bevölkerungszahlen in Mitteleuropa. Dies äußerte sich zum Beispiel in Landflucht bzw. der Entwicklung von Großstädten und Riesen-Metropolen wie Paris, London oder auch Berlin, die bald die Millionengrenze, ja sogar die Fünf-Millionen-Grenze überschritten. Die veränderten Lebensverhältnisse führten aber auch zu einer langsamen Abnahme der Geburtenrate. Hier waren viele Faktoren maßgeblich, vor allem die zunehmende Loslösung vom Großfamilienverband, die den sozialen Druck, möglichst viele Kinder zu haben, der auf den individuellen Familien lastete, einfacher zu tragen machte. Der Rückgang der Geburtenrate stellt einen wichtigen Gradmesser für die Entwicklung zur Moderne dar, denn grundsätzlich kann man sagen: Je mehr die Menschen Fortschritt erwarten und darauf bauen, desto weniger brauchen sie Kinder und entscheiden sich gegen diese.

Empirisch belegt ist, dass die Geburtenrate pro Mutter während der Industrialisierung drastisch sank. Diese Entwicklung, dass nämlich die Bevölkerung zunimmt, während gleichzeitig die Geburtenrate pro Mutter sinkt, lässt sich in allen europäischen Staaten des 19. Jahrhunderts – und später im 20. Jahrhundert auf der ganzen Welt – beobachten. Deshalb ist der Zeitpunkt, in dem in einem Land die Geburtenrate zu sinken anfängt, ein äußerst aufschlussreiches Datum. Es kann als ein vager Gradmesser gesehen werden, wann ein Land in die Kulturepoche der Moderne eingetreten ist. Wenn die Familien eines Landes entscheiden, dass sie nicht länger in möglichst viele Kinder investieren müssen, dann ist die Erwartung auf Fortschritt groß genug, um diese soziale Investition nicht mehr zu tätigen und die damit einhergehenden Mühen nicht mehr auf sich zu nehmen.

Die Industrialisierung hat in den verschiedenen Ländern Europas zu unterschiedlichen Zeitpunkten begonnen. England war im späten 18. Jahrhundert der Vorreiter, gefolgt von Belgien in der ersten Hälfte des 19. Jahrhunderts, dann Nordfrankreich und bald auch Deutschland, zumindest dort, wo Kohle, ohne die sich kein Eisen und Stahl produzieren lässt, ausreichend zur Verfügung stand. Industrialisierung ist aber nicht gleichbedeutend mit der Moderne und ebenso wie die wirtschaftliche Grundlage eines Landes eine Rolle spielte, so spielten auch die Ideen eine Rolle. Definieren wir »Moderne« als die weitverbreitete Erwartung von Fortschritt, dann meinen wir damit auch gesellschaftlichen und sozialen, und nicht allein ökonomischen Fortschritt. Hier lag im 19. Jahrhundert Frankreich vorn. Die Revolution von 1789 hatte weite Teile der Bevölkerung mobilisiert, die bis dahin kaum am politischen Leben ihres Landes beteiligt waren. Die Napoleonischen Kriege (1792–1815) – nicht zuletzt durch die *levée en masse*, also die Wehrpflicht –[3] hatten viele neue Ideen von Fortschritt und Entwicklung bis in das kleinste Dorf Frankreichs getragen. Dies mag der Grund dafür sein, dass Frankreich das allererste Land war, in dem 1827 die Geburtenrate zu sinken begann. Erst 1881 erreichte Belgiens Geburtenrate diesen Punkt, 1887 dann die Schweiz, dicht gefolgt von Deutschland 1888 und den USA 1890,[4] Großbritannien erst 1893, was Fachleute damit erklären, dass damals die Industrialisierung in England auch auf dem Land stattgefunden hatte und Dorfgemeinschaften häufig erhalten geblieben waren. Es geht also nicht darum, wann eine intellektuelle Elite davon überzeugt war, dass sie Fortschritt und Entwicklung erwarten konnte, sondern ausschließlich darum, wann die Masse der Bevölkerung dies gemeinsam mit der Elite erwartet hat. Natürlich ist Deutschland z. B. nicht *genau* 1888 in die Moderne eingetreten. Dennoch ist das Datum der fallenden Geburtenrate höchst aussagekräftig, weil es die Moderne als das versteht, was sie ist: ein Massenphänomen.

Das erste muslimische Land, in dem die Geburtenrate zu sinken begann, war die Türkei 1962, gefolgt von Ägypten 1968. In den meisten muslimischen Ländern sank die Geburtenrate erst im letzten Viertel des 20. Jahrhunderts (Tunesien 1971, Indonesien 1972, Marokko 1975, Irak 1980, Algerien 1982, Pakistan 1991). Eine große Gruppe muslimischer Länder, die damals auf sehr unterschiedlichen Stufen ökonomischer Entwicklung standen, nämlich Libyen, Iran, Syrien, Sudan und Saudi Arabien, erreichte diesen Punkt um 1985. In Europa war der Prozess der sinkenden Geburtsraten weit früher abgeschlossen, nämlich schon in den 1920ern, als in Spanien (1920) und schließlich, als letztes Land in Europa, 1925 in der russischen Teilrepublik der damaligen Sowjetunion die Geburtenraten zu sinken begannen.

Es erstaunt also nicht, dass muslimische Länder die Kulturepoche der Moderne weit später erreicht haben als alle Länder in Europa. Dies liegt nicht allein daran, dass der Prozess der Industrialisierung sie später erreicht hat, sondern vor allem auch daran, dass die Moderne eine Kulturepoche ist, die sich in Europa entwickelt hat und die Länder außerhalb Europas nicht auf die gleiche Art erreichte wie jene in Europa. Während man in Europa und Nordamerika sehr vereinfachend von einer stetigen und kontinuierlichen Ausbreitung der Industrialisierung – und darauf folgend auch der Moderne – ausgehen kann (dies ist wie gesagt eine grobe Vereinfachung!) sind fast alle außereuropäischen Länder durch eine Phase gegangen, die ihren Eingang in die Moderne ganz bedeutend mitbestimmt hat, und die es innerhalb Europas nicht gab, nämlich die Phase des Kolonialismus, die alle Länder der muslimischen Welt ausnahmslos geprägt hat, einschließlich jener, die nicht direkte Kolonien europäischer Mächte waren.

Der Kolonialismus erreichte die islamische Welt im Vergleich mit anderen Weltreligionen wie Süd- und Mittelamerika oder Indien relativ spät. 1798 entschied der französische General Napoleon Bonaparte (1769–1821), mit einer Flotte nach Ägypten zu segeln und das Land zu erobern. Napoleon hatte gerade einen äußerst erfolgreichen Feldzug in Italien hinter sich, wo er unter anderem die Republik Venedig zerstört, den Kirchenstaat um Rom in eine Republik umgewandelt und den Papst ins Exil getrieben hatte. Warum er als nächsten Schritt die Eroberung Ägyptens erwägte, lässt sich wohl am besten damit erklären, dass er meinte, es leicht erobern zu können. Die gesamte Expedition erinnert in vielem an den Irak-Krieg 2003, als die Entscheidungsträger um den US-Präsidenten George W. Bush (* 1946) die Invasion Iraks intern vor allem mit dem Argument vorantrieben, dass sich die irakische Armee leicht besiegen ließe. Nach außen hat man natürlich andere Argumente benutzt, 2003 die Existenz von Massenvernichtungswaffen und 1798 das Bestreben, Großbritanniens gerade erst erworbene Dominanz in Indien zu unterminieren. Nun ist Ägypten immer noch sehr weit von Indien entfernt, und einer der wichtigsten Gründe war in beiden Fällen wohl letztlich das Bestreben, den muslimischen Nahen Osten – die Weltregion, die Europa am nächsten liegt – militärisch dominieren zu wollen. Eine solche Dominanz birgt neben großen symbolischen Gewinnen an Prestige und Ansehen auch das Versprechen ungeahnter – zu Napoleons Zeiten natürlich noch weitgehend unbekannter – wirtschaftlicher Vorteile.

Auch wenn die muslimischen Gesellschaften im Nahen Osten erst relativ spät kolonialisiert wurden, so hängt der Beginn des europäischen Kolonialismus im frühen 16. Jahrhundert eng mit den Beziehungen zum Islam zusammen. 1095 hatte Papst Urban II. (gest. 1099) zum Ersten Kreuzzug nach Jerusalem aufgerufen und damit ein neues, blutiges Zeitalter in den Beziehungen zum Islam eingeläutet. Schon zehn Jahre vorher hatte das Königreich Kastilien, aus dem später Spanien hervorgehen sollte, die wichtige

Stadt Toledo – die alte Hauptstadt der Westgoten – von den Muslimen erobert. In den Augen der Christen handelte es sich dabei um eine »Rückeroberung«, die den muslimischen Sieg über das Westgotenreich 710 rückgängig machte. Diese *Reconquista* fand im Januar 1492 mit der Einnahme von Granada ihren Abschluss. Für die christlichen Einwohner der Iberischen Halbinsel in Kastilien, Aragon und Portugal war die Reconquista ein Teil der Kreuzzugsbewegung, die ganz Europa vom 11. bis ins 16. Jahrhundert ergriffen hatte.

Noch während der König von Kastilien und die Königin von Aragon ihren Sieg in Granada feierten, erhielt Christoph Kolumbus (1451–1506) im April 1492 eine Lizenz, Schiffe auszurüsten und nach Westen über den Ozean zu segeln. Die spätere Eroberung der Neuen Welt durch spanische Privatarmeen, die sich aus ihrer Beute finanzierten, war nichts anderes als die Fortführung der Reconquista mit *gleichen* Mitteln in Mittel- und Südamerika. Die Eroberung Granadas 1492 hatte den Expansionsdrang des spanischen Königreiches mitnichten befriedigt. Die natürliche Fortsetzung der Reconquista wäre eine spanische oder auch portugiesische Eroberung Nordafrikas gewesen. Dies haben beide Länder auch mehrmals versucht, etwa 1578, als der portugiesische König Sebastian I. (1557–1578) mit einem großen Heer im Norden Marokkos landete, dann aber auf dem Schlachtfeld von al-Qasr al-Kabir besiegt wurde und den Tod fand. Der bedeutendste Versuch dieser Art hatte 1535 stattgefunden, als Karl V. (1500–1558), habsburgischer König von Spanien, Kaiser des Deutsches Reiches und fraglos der mächtigste Mann seiner Zeit, eine riesige Flotte von Antwerpen über Spanien nach Tunesien führte und dann auch ohne große Schwierigkeiten Tunis und Umgebung einnahm. Er wagte es aber nicht, das Land kolonial zu besetzen und auszurauben – so wie es seine Untertanen in Amerika taten –, sondern begnügte sich damit, lokale muslimische Vasallen einzusetzen, die ihm Teile der Steuereinnahmen in Form von Tribut schickten. Als 40 Jahre später einer seiner illegitimen Söhne, ein verwegener spanischer Feldherr, diesen Schritt vollzog und die Vasallen in Tunis mit einer Gruppe von christlichen Soldaten ersetzte, führte das zu einem massiven osmanischen Gegenangriff im Jahr darauf. Der Verlust von Tunesien 1574 und die Schlacht von al-Qasr al-Kabir vier Jahre später markieren das vorläufige Ende aller europäischen Bestrebungen, Nordafrika zu erobern. Es hatte sich letztlich gezeigt, dass die europäischen Truppen – anders als in Amerika – trotz größter Anstrengungen nicht stark und überlegen genug waren, um die Muslime in Nordafrika nachhaltig zu besiegen.

Das war 1798 in Ägypten erstmals anders. Die Französische Revolution hatte zu einem enormen Modernisierungsschub im europäischen Militärwesen geführt – weniger technischer, sondern vielmehr organisatorischer Natur. Erstmals war es europäischen Mächten möglich, eine Armee in ein bedeutendes muslimisches Land zu führen, die dortige Verteidigung zu überwinden und das ganze Land zu besetzen. Napoleons Flotte nahm auf den Weg nach Ägypten das von dem Johanniterorden – ein Überbleibsel der Kreuzzüge – regierte Malta ein und landete Anfang Juli 1798 in Alexandria. Schon drei Wochen später hatten die Franzosen die ägyptische Armee in der sogenannten »Schlacht bei den Pyramiden« besiegt. Noch im selben Monat zog Napoleon siegreich in Kairo ein.

Wie viele koloniale Eroberer nach ihm – und auch die US-Amerikaner 2003 in Bagdad – verstand sich Napoleon als Befreier. In einem Flugblatt, das er in Ägypten verteilen ließ, forderte er die Bevölkerung auf, ihn zu unterstützen. Die französische Armee hatte extra eine arabische Druckerpresse mitgebracht, um solche Mitteilungen verbreiten zu können. ʿAbdarraḥmān al-Ǧabartī (1754–1829), ein ägyptischer Gelehrter und Historiker, hat uns den Text dieser ersten Verlautbarung überliefert, die in Kairo nicht wenig Erstaunen hervorgerufen hat. Ägypten war zu dieser Zeit eine Provinz des Osmanischen Reiches, wurde aber recht unabhängig von einer Gruppe von Militärsklaven – Mamluken genannt – beherrscht, die in ihrer Kindheit als Sklaven in der Kaukasusregion gekauft worden waren, um dann nach Kairo gebracht zu werden. Sie wurden in besonderen Schulen zu einer militärischen Elite ausgebildet, die die Administration des Landes überwachte und das Land im Auftrag der Osmanen beherrschte. Napoleon, dessen Heimat Frankreich gerade die Macht der alten Monarchie und der Kirche gebrochen hatte, empfand das Herrschaftssystem der Mamluken als rückständig und reif für einen Regimewechsel. Die Franzosen präsentieren sich in diesem Flugblatt also nicht als Fremde, sondern als Freunde, die sehr um den Wohlstand Ägyptens bemüht waren, viel mehr als die Mamluken, »die aus den Ländern des Kaukasus und aus Georgien importiert wurden«. Gott habe beschlossen, so Napoleon, dass deren Herrschaft vorbei sei. Napoleon wendet sich in diesem Flugblatt persönlich an die Ägypter und teilt ihnen mit, dass er sehr wohl wisse, wie ihre Gegner die Franzosen als Feinde des Islams darstellten. Nichts könnte jedoch ferner der Wahrheit sein. In seinem ersten Pamphlet an die Ägypter schreibt er:

> Antwortet jenen Verleumdern, dass ich allein zu euch gekommen bin, um euch aus den Händen der Unterdrücker zu befreien, und sagt ihnen, dass ich Gott verehre und seinen Propheten Muhammad und den großartigen Koran mehr respektiere als die Mamluken es tun. Sagt ihnen auch, dass alle Menschen vor Gott gleich sind, und dass allein Verstand, Tugenden und Wissen Unterschiede unter ihnen schaffen. Doch was haben die Mamluken an Verstand, Tugend und Wissen, dass dies sie von anderen Menschen unterscheiden würde und als Verdienst zur Folge hätte, dass sie all jene Dinge, die das Leben angenehm machen, ganz alleine besitzen? Wo immer es fruchtbares Land gibt, wird es von den Mamluken beansprucht. Die schönsten Mädchen, die herrlichsten Pferde und die angenehmsten Häuser sollen alle für sie sein? Sollte Ägypten den Mamluken übergeben worden sein, so möge man uns das Beweisstück zeigen, in dem Gott ihnen das Land überschrieben hat. Gott jedoch ist gütig und gerecht zu den Menschen und mit seiner Hilfe wird es von nun an keinen Einwohner Ägyptens mehr geben, der nicht einen hohen Rang erreichen und einen wichtigen Posten erwerben kann. Die Verständigen, die Tugendhaften und jene, die Wissen unter ihnen haben, werden die Angelegenheiten Ägyptens regeln, und dies wird zu einer allgemeinen Verbesserung der Nation führen.
>
> In der Vergangenheit hat es große Städte gegeben in Ägypten, breite Bewässerungskanäle und viele Märkte,

> aber nichts ist davon geblieben außer der Unterdrückung und der Habgier der Mamluken. O ihr Scheiche, Richter, Imame, Tschorbadschis und Würdenträger, sagt eurem Volk, dass die Franzosen auch fromme Muslime sind. Bezeugt wird dies dadurch, dass sie in die große Stadt Rom gegangen sind, wo sie den Sitz des Papstes zerstört haben, der stets aufs Neue die Christenheit dazu aufgefordert hatte, Krieg gegen den Islam zu führen. Danach haben sie sich die Insel Malta vorgenommen und die Johanniterritter fortgejagt, die vorgaben, Gott hätte ihnen auferlegt, die Muslime zu bekämpfen. Und während die Franzosen all dies taten, waren sie die treuen Freunde des Osmanischen Sultans – möge Gott seine Herrschaft verlängern – und die Feinde seiner Feinde, während die Mamluken versäumten, ihm zu gehorchen und seinen Befehl zu befolgen und allein ihrer eigenen Habgier folgten.[5]

Napoleon und seine Begleiter hatten sich nicht als Fremde und als Besetzer Ägyptens, sondern als Wohltäter gegeben, die die Errungenschaften der Französischen Revolution auch in die arabische Welt tragen wollten. Aus diesem Dokument spricht der Geist der Aufklärung sowie die Idee von universalen Menschenrechten und einer Leistungsgesellschaft, in der Privilegien allein an Fähigkeiten und Aufgabenerfüllung geknüpft sind. Napoleons Säkularismus, den er in Rom und auf Malta bewiesen hatte, wird hier als eine ureigene muslimische Tugend hervorgehoben, so dass er sich muslimischer als die muslimischen Mamluken präsentieren konnte. Aus dem Dokument spricht aber auch die Überzeugung, dass Ägypten ein Land im Niedergang ist. Dabei war Kairo zu diesem Zeitpunkt eine blühende Stadt von einer Viertelmillion Einwohnern – also etwas weniger als halb so groß wie Paris – und man wird sehr lange zurückgehen müssen, um in Ägyptens Geschichte Städte zu finden, die größer und prächtiger waren als Kairo zu dieser Zeit.

Gewiss war diese Propaganda 1798 genauso erfolglos wie bei späteren Gelegenheiten europäischer Kolonisation. Geprägt durch diese Rhetorik begegneten die Ägypter den Franzosen mit abwartender Toleranz, die aber bald in Feindschaft umschlug, als klar wurde, wie radikal die Franzosen in die Lebenswelt der Kairiner einschritten, um ihre militärische Überlegenheit aufrecht zu erhalten und die Bevölkerung zu kontrollieren. Kairo war am Ende des 18. Jahrhunderts eine der größten und prächtigsten Städte der islamischen Welt. Ihre urbane Struktur war gänzlich von jeder europäischen Stadt verschieden. Es gab zum Beispiel keine Straßen, die durch die Stadt führten, sondern nur ein Gewimmel aus Gassen erster, zweiter und dritter Ordnung, die sich verwinkelt durch die Stadt wanden und häufig in Sackgassen endeten. Es war weitgehend unmöglich, die Mittel französischer militärischer Überlegenheit – geordnete Formationen von Soldaten, unterstützt von Kanonen – in diesen Gassen einzusetzen. Noch im Juli 1798, nur ein paar Tage nach ihrer Ankunft in der Stadt, gingen französische Soldaten daran, die Tore herauszureißen, mit denen nach Kairiner Sitte die Stadtviertel abends abgeriegelt wurden. In Kairo wurden vor 1798 nicht die Häuser abgeschlossen, sondern kleine Stadtviertel und Nachbarschaften, die abseits von den Hauptstraßen lagen, wurden nachts mit großen Holztoren verschlossen. Die gewaltsame Entfernung dieser Barrieren führte zu viel Unruhe in der Stadt und zu Gerüchten, die Franzosen täten dies allein, um ihren Soldaten Zugang zu den jungen Mädchen Kairos zu verschaffen.[6]

Es dauerte nicht lange, und die Franzosen vollzogen noch wesentlichere Einschnitte in das Stadtbild. Für Oktober und November 1798 notiert al-Ǧabartī das Auffüllen von Wasserläufen, so dass breitere Straßen entstanden sowie die Lichtung der Stadt durch Zerstörung etlicher, meist öffentlicher Gebäude, darunter auch Moscheen. So entstanden öffentliche Plätze in Kairo, die es vorher nie gegeben hatte. Auf ihnen wurde Militär mit Kanonen ebenso wie auf hohen Gebäuden und selbst Minaretten in Stellung gebracht.[7] Die Franzosen korrigierten den Straßenverlauf und weiteten die Gassen, wo immer sie konnten. Sie planten eine schnurgerade, breite Straße von ihrem Hauptquartier in der Nähe des damaligen Esbekija-Teichs bis an die al-Azhar Moschee, eine der größten Moscheen der Stadt und wegen der daran angeschlossenen Hochschule ein Ort, wo die Franzosen zu Recht Widerstand vermuteten. Die schon bald folgenden Aufstände in Kairo machten den Franzosen den Bau dieser Straße letztlich unmöglich. Sie wurde 50 Jahre später unter ganz anderen Bedingungen verwirklicht und führt heute als Fußgängerzone und vollbepackte Marktstraße durch die Kairiner Altstadt.[8] Bei der Planung dieser ersten Kairiner Straße wurde auf traditionelle Stadtviertel, Nachbarschaften und selbst Häuser genauso wenig Rücksicht genommen wie 1872, als nach Pariser Vorbild der erste breite Boulevard mitten durch die Altstadt geschnitten wurde.

Allein diese beiden Beispiele, das Herausreißen der jahrhundertealten Tore und die Verbreiterung der traditionellen Gassen, zeigen, dass die Franzosen nicht gewillt waren, den Lebensstil der Kairiner zu akzeptieren. Das war mit dem Geist der Aufklärung nicht zu vereinen, denn wo diese Weltanschauung Hindernisse wie die Idee kollektiver Sicherheit durch die Kontrolle von Nachbarschaften sieht, reißt sie sie nieder und zwingt die Menschen, sich an ein privatisiertes Verständnis von Eigentum und Sicherheit anzupassen. Die Kairiner mussten sich dem beugen und ihre Häuser mit Vorhängeschlössern sichern, ganz so wie die Menschen in Lyon oder Paris.

Kolonialismus, auch wenn er noch so gut gemeint und vor allem kurzlebig war, führte über kurz oder lang zu einer freiwilligen oder unfreiwilligen Übernahme europäischer Lebensstile in der muslimischen Welt. Napoleons Besatzung in Ägypten dauerte nur wenige Monate. Entmutigt und enttäuscht vom zunehmenden Widerstand der Ägypter sowie vom Versuch der Osmanen, Ägypten wieder aus der Hand der Franzosen zu reißen, kehrte Napoleon im August 1799 zusammen mit den meisten seiner Generäle Ägypten den Rücken. Er reiste heimlich zurück nach Paris, um dort in einem Staatsstreich die Macht zu übernehmen. General Jean-Baptiste Kléber (1753–1800), den Bonaparte in Ägypten mit dem Befehl über die französische Armee zurückgelassen hatte, wurde im Juni 1800 von einem syrischen Azhar-Studenten der islamischen Theologie ermordet. Ein Jahr später ergaben sich die Franzosen im August 1801 einer Koalition von Briten und Osmanen, wobei ihren Truppen freies Geleit zurück in ihre Heimat gewährt wurde.

Breite Straßen und verschlossene Häuser sind seit langem in jeder muslimischen Stadt selbstverständlich. Doch sie widersprechen dem Gefüge einer vormodernen muslimischen Stadt, wie es Kairo 1798 noch war. Binnen mehrerer Jahrzehnte wurde Kairo in eine Stadt verwandelt, die al-Ǧabartī, der Chronist, der uns das Flugblatt von 1798 überliefert hat, nicht wiedererkannt hätte. Zuerst wurde Kairo im 19. Jahrhundert eine koloniale Stadt, mit zwei Stadtteilen, einer Altstadt, die die Überreste jenes Kairo repräsentierte, das Napoleon 1798 erwartet hatte, und gleich daran angrenzend zwischen diesem alten Kairo und dem Nil, ein neues Stadtviertel mit breiten Boulevards, Bürgersteigen, öffentlichen Plätzen, Kreisverkehr, großen Kaufhäusern, Restaurants und Mietskasernen. Dies neue Kairo – *Qaṣr an-Nīl*, »das Schloss am Nil« genannt – wurde planerisch Paris nachempfunden und schnell zum Zentrum der Stadt, während das alte Kairo zunehmend verfiel. Mit dieser neuen Stadtplanung zog bald auch die Moderne in Kairo ein. Das geschah allerdings letztlich erst im 20. Jahrhundert, als die Hoffnung und das Bewusstsein, dass die Lebensumstände und der Lebensstandard des einzelnen Individuums immer besser werden würden, die große Mehrheit der Ägypter erreicht hatte. Wenn wir der Statistik Glauben schenken, die ich oben angeführt habe, geschah das ungefähr in den 60er Jahres des letzten Jahrhunderts. Damals hatte Kairo schon etwa vier Millionen Einwohner, eine Zahl, die die Stadt von 1798 mit den ihr zur Verfügung stehenden Möglichkeiten niemals hätte beherbergen geschweige denn ernähren können.

Die Moderne ist eine Kulturepoche, die tief in jeden einzelnen Lebensbereich des Individuums einbricht. Die Menschen in Europa hat sie in einem Prozess Schritt für Schritt erreicht, den man vielleicht organisch nennen kann, und der mit vielen Erleichterungen des Alltagslebens einherging. Diese Erleichterungen hat es auch in den islamischen Ländern gegeben – wie sonst hätte Kairo so groß werden können? Tatsächlich gleicht der Prozess der Modernisierung islamischer Länder in vielem denen in Europa. Dennoch gibt es einen wesentlichen Unterschied: Erreicht hat die Moderne jene muslimischen Länder erst, nachdem sie von europäischen Armeen oder solchen, die von Europäern angeführt wurden, besiegt worden waren. In den etwas mehr als 120 Jahren zwischen 1798 und 1920 wurde bis auf wenige Ausnahmen jedes muslimische Land von einer solchen Armee geschlagen. 1920, als die letzte dieser Schlachten in Maysalun vor den Toren Damaskus' stattfand, war jedes muslimische Land mit Ausnahme der Türkei, des Irans sowie einiger Fürstentümer auf der arabischen Halbinsel politisch von Europäern beherrscht. Für die allermeisten Muslime war die Einführung eines neuen, modernen Lebensstils deshalb mit der Unterwerfung unter eine europäische Kolonialmacht eng verbunden. All dies existierte so nirgendwo in Europa.

Als die Bürger Kairos im Juli 1798 die französische Armee bei den Pyramiden siegen sahen, wurde ihnen die militärische Überlegenheit Europas drastisch vor Augen geführt. Al-Ǧabartī und viele seiner Zeitgenossen fragten sich daraufhin, wie es zu diesem Ungleichgewicht hatte kommen können. War nicht im Mittelalter eine muslimische Armee in Frankreich eingefallen und hatte nicht etwas mehr als 100 Jahre zuvor eine andere muslimische Armee, nämlich die osmanischen Türken, eine der mächtigsten europäischen Städte belagert? Al-Ǧabartī – und mit ihm eine lange Reihe von muslimischen Intellektuellen des

19. und 20. Jahrhunderts – gewann den Eindruck, dass die islamische Welt nach ihren großen Errungenschaften im Mittelalter in eine lange Periode des Verfalls getreten war. Aufgrund der vielen Niederlagen, die muslimische Armeen in dieser Zeit erlitten, lässt sich dieser Eindruck zumindest in Bezug auf die militärische Leistungsfähigkeit gut verstehen. Aber hatten diese muslimischen Gelehrten auch Recht, wenn sie zusätzlich zur Unterlegenheit muslimischer Armeen auch der muslimischen Kultur, ja sogar der muslimischen Religion einen Niedergang bescheinigten, der irgendwann nach dem Mittelalter eingesetzt hatte?

III. Gab es einen Verfall der islamischen Kultur?

Im September 1683 gewann eine Armee von Soldaten aus Polen und Deutschland eine Schlacht gegen eine noch größere osmanisch-türkische Armee, die Wien, die Hauptstadt des deutschen Kaiserreiches, belagerte. Im selben Jahr 1683 musste der Philosoph John Locke (1632–1704) aus England fliehen und begab sich nach Amsterdam, wo er mit den Werken des jüdischen Philosophen Baruch de Spinoza (1632–1677) bekannt gemacht wurde. In Holland fand Locke Zeit, an seinem philosophischen Werk, *Versuch über den menschlichen Verstand* (*An Essay Concerning Human Understanding*) zu arbeiten, das 1689 in London gedruckt wurde.

Die beiden letzten Jahrzehnte des 17. Jahrhunderts markieren den Beginn von zwei der bedeutendsten Entwicklungen in der modernen Geschichte Europas: die Aufklärung und die militärische Überwindung des Osmanischen Reiches. Ungefähr zu dieser Zeit begann eine Gruppe von Europäern damit, auf eine bestimmte, neue Art zu denken, die wir heute »modern« nennen. Von diesem Zeitpunkt an wird Geschichte zunehmend als Fortschritt verstanden, als ein Prozess der zunehmenden Rationalisierung, Liberalisierung sowie einer Zunahme materiellen Reichtums und einer Expansion politischer Macht. Als diese Gruppe von Europäern begann, auf die muslimische Welt zu blicken, entdeckten sie dort allerdings keinen Fortschritt, sondern nichts anderes als einen stetigen Niedergang.

Seit dem frühen Mittelalter, spätestens seit dem Beginn der Kreuzzüge 1095, hatten sich die Bewohner Mitteleuropas mehr und mehr an den Gedanken gewöhnt, dass der Islam der Erzfeind von Europa und das komplette Gegenteil von dem war, wofür dieses Europa stand. Am Ende des 17. Jahrhunderts hatten die Angst und das Gefühl der Bedrohung aufgehört, das frühere muslimische Armeen in Europa noch ausgelöst hatten. Die türkische Belagerung Wiens – die zweite ihrer Art nach einem früheren Versuch 1526 – endete in einem äußerst erfolgreichen Gegenangriff mittel- und osteuropäischer Armeen, der innerhalb weniger Jahre auf osmanischer Seite zu einem Verlust von fast der Hälfte der Territorien auf dem Balkan führte. An der Wende zum 18. Jahrhundert hatte das habsburgische Österreich den Osmanen Ländereien abgenommen, die den heutigen Staaten Ungarn, Kroatien, Slowenien und Teilen von Rumänien entsprechen. Nicht noch einmal würde eine muslimische Armee Zentraleuropa bedrohen. Ganz im Gegenteil: kaum mehr als ein Jahrhundert nach der Belagerung Wiens stand eine europäische Armee vor den Toren einer muslimischen Metropole und schlug ihre Verteidiger in die Flucht. Im Juli 1798 focht die französische Armee die kriegsentscheidende Schlacht an den Pyramiden, die erste einer Reihe von Schlachten, die muslimische Armeen während der kommenden 120 Jahre gegen europäische – oder zumindest von Europäern angeführte – Armeen verlieren würde.

Der enge Zusammenhang der modernen europäischen Wahrnehmung eines andauernden Fortschritts mit dem ebenso europäischen Eindruck eines Niedergangs des Islams wurde erstmals in den 1990er Jahren verstanden. Der dänische Historiker Peter Christensen (* 1951) stellte beispielsweise fest, dass seit dem 17. Jahrhundert Geschichte in

Europa als ein Prozess angesehen wurde, der stetigen Fortschritt und eine Verbesserung der Situation brachte. »Europas Geschichte, war trotz aller temporären Rückschläge«, schrieb Christensen 1993, »von Fortschritt charakterisiert, verstanden als eine sich anhäufende Veränderung zum Besseren sowohl in Bezug auf die materiellen wie auch auf die moralischen Zustände«. Im gleichen Moment sahen Europäer im Islam und dem Nahen Osten das Gegenteil von Europa, so als sei der Orient und die ihn dominierende Religion Europas seitenverkehrte Spiegelung. »Es folgte daraus mit geradezu logischer Notwendigkeit«, so Christensen weiter, »dass das Gegenteil von Fortschritt, nämlich Niedergang die Geschichte des Nahen Ostens charakterisieren müsse. Mit dieser Prämisse war es nicht schwer, erhärtende Belege zu finden«.[9]

Für den von Europäern diagnostizierten materiellen und moralischen Niedergang der Nahostregion wurden letztlich Mängel gesucht, gefunden und dann dafür verantwortlich gemacht, die tief in den muslimischen Gesellschaften stecken mussten. »Für Europäer war Fortschritt ein praktisch natürlicher Prozess geworden. Sollte sich eine Gesellschaft nicht auf die gleiche positive Art und Weise entwickelt haben, dann musste etwas mit ihr falsch sein.«[10]

Eines der Axiome europäischen Denkens über den Nahen Osten lautete, dass die Religion des Islams so tief in ihre Gesellschaften eingedrungen war, dass sich letztlich alles, was dort passierte – oder auch nicht passierte – mit dem Hinweis auf den Islam erklären ließ. Im Denken der Aufklärung wurde eine enge Verbindung zwischen Europas rapidem politischen und ökonomischen Fortschritt im 18. und 19. Jahrhundert und der Rationalisierung gezogen, auf deren Erreichung man so stolz war. Die intellektuelle Quelle dieser Rationalisierung wurde in der philosophischen Tradition Europas ausgemacht. Aufklärerische Denker schmiedeten eine Narration der Geschichte der Philosophie, in der diese Disziplin in Griechenland geboren wurde, dann aber für Europa verloren ging und seit ihrer Wiedergeburt im Mittelalter eng mit dem zunehmenden Fortschritt, der sich nun in Europa manifestiert hatte, zusammenhing. Frühe europäische Philosophiehistoriker wie zum Beispiel der Engländer Edward William Gibbon (1737–1794) oder Georg Wilhelm Friedrich Hegel (1770–1831) verstanden dabei sehr gut, dass die Geschichte der europäischen Philosophie sich nicht als die eines stetig zunehmenden Fortschritts darstellen ließ. Der Kollaps römischer Kultur und das »dunkle Mittelalter« standen der Idee eines ununterbrochenen Fortschrittes im Wege. Seit dem Wiedererstarken europäischer Philosophie im 13. Jahrhundert, so meinten sie, gab es allerdings so etwas wie einen ununterbrochenen Fortschritt. Wenn aber die Philosophie in Europa seit dem 13. Jahrhundert Fortschritte machte, was machte sie seitdem im Islam?

Zusammen mit der Narration eines Aufstiegs der europäischen Philosophie seit dem 13. Jahrhundert kam die Idee auf, dass sich die Philosophie in der islamischen Welt im gleichen Zeitraum im Niedergang befand. Früher hatte der Islam einmal ein großes Reich geprägt und eine herausragende Zivilisation sein eigen genannt. Städte wie Bagdad und Kairo hatten während ihrer Blütezeit keine Gegenstücke geschweige denn Rivalen in Europa. Die »islamische Zivilisation« galt als letzte der großen Zivilisationen des Nahen Ostens, und die abbasidischen Kalifen wurden als würdige Nachfolger der ägyptischen Pharaonen, der Monarchen von Babylon und der persischen Großkönige angesehen.

Diese arabisch-islamische »Hochkultur« wurde aber nur als temporäres Phänomen verstanden. In seinen *Vorlesungen über die Geschichte der Philosophie* von 1817 behandelt Hegel die arabische Philosophie nicht als eine eigene Tradition, sondern nur als eine Brücke zwischen der griechischen Philosophie und der Scholastik des lateinischen Mittelalters. Arabische Philosophie, so schreibt Hegel, »ist nicht durch ihren Inhalt interessant, bei diesem kann man nicht stehenbleiben; es ist keine Philosophie, sondern eigentliche Manier«.[11] Für Hegel ist die arabische Philosophie nur die »äußerliche Erhaltung und Fortpflanzung« der griechischen und hat nur insofern Wert, wie sie mit dieser verbunden war. Die arabische Philosophie hat nicht für einen Fortschritt gesorgt: Es sei laut Hegel, »nicht viel daraus zu holen«.[12]

Hegel steht am Beginn der westlichen akademischen Erforschung arabischer und islamischer Philosophie. Einer seiner frühen Nachfolger, der einen weit tieferen Einblick in die Geschichtsschreibung der arabischen und islamischen Philosophie hatte, und der anders als Hegel auch ein wenig Arabisch konnte, war der Franzose Ernest Renan (1823–1892). Er veröffentliche 1852 die erste Studie über einen Aspekt der islamischen Philosophiegeschichte, *Averroès et l'averroïsme* (*Averroes und der Averroismus*). Renan war grundlegend von der französischen Aufklärung und ihrer Feindschaft gegenüber der katholischen Kirche beeinflusst. Dies führte dazu, dass er Kategorien, die in der jahrhundertealten westlichen Auseinandersetzung mit der

Kirche entwickelt worden waren, auch auf den Islam bezog. Für Renan litt die Philosophie im Islam unter der Verfolgung durch eine »islamische Orthodoxie«, die letztlich obsiegt und den freien philosophischen Geist im Islam zerstört habe. Er schrieb 1861 in der zweiten Auflage seiner Studie, dass mit dem Tod des arabischen Philosophen Averroes (Ibn Rušd) im Jahre 1198 »die arabische Philosophie in ihm ihren letzten Repräsentanten verloren hat und damit der Triumph des Korans über das Freidenkertum für mindestens sechshundert Jahre gesichert war«.[13] Rechnet man nach, wird man schnell darauf kommen, was nach Renans Meinung die islamische Welt von der Knechtschaft der Philosophie unter dem Koran erlöst hat – nichts anderes nämlich als die französische Besetzung Ägyptens 1798.

Aufklärerisches Denken hat die Kolonisation der islamischen Welt legitimiert. Europäische Historiker des 19. Jahrhunderts waren davon überzeugt, dass der Niedergang, den sie in der muslimischen Welt sahen, weit früher eingesetzt hatte und dass er mit einem angenommenen Fehlen – einer Abwesenheit – der Philosophie in islamischen Gesellschaften seit dem 12. Jahrhundert zusammenhing. Im 19. Jahrhundert wurde der Mythos geschaffen, dass die arabische und islamische Philosophie mit Averroes ihr abruptes Ende gefunden hatte und im 12. Jahrhundert einfach unterging. Der holländische Philosophiehistoriker Tjitze de Boer (1866–1942) veröffentlichte 1901 die erste Darstellung der Geschichte der Philosophie im Islam. Dieses Buch blieb das gesamte 20. Jahrhundert hindurch einflussreich und hat das Bild, das deutsche Studierende von der islamischen Philosophiegeschichte gewonnen haben, nachhaltig geprägt. Eine englische Übersetzung, die schon 1903 erschien, wurde noch 1994 nachgedruckt. De Boers Präsentation der arabischen und islamischen Philosophie endet mit Averroes, gefolgt nur von einem Appendix über den Historiker Ibn Ḫaldūn (1332–1406), der zwei Jahrhunderte nach Averroes interessante Thesen zum Werdegang von Gesellschaften entwickelt hat.[14] Averroes stellte gemäß de Boer den Höhepunkt der Philosophie im Islam und gleichzeitig deren Ende dar. Seine Kommentare zu den Werken Aristoteles' (384–322 v. Chr.) wurden bald ins Lateinische übersetzt und hatten an den italienischen Universitäten und in Paris einen regen Anteil an der Herausbildung des Aristotelismus in Europa und der Wiedergeburt der westlichen Philosophie im 13. Jahrhundert. Averroes bildete also das Bindeglied, das den Fortschritt der Philosophie in Europa mit dem angenommenen Niedergang der philosophischen Tradition im Islam zusammenbringt. Schon Renan hatte in seinem Buch über Averroes und den Averroismus die Meinung vertreten, dass die lateinische europäische Philosophie die Werke Averroes' schätzen gelernt hatte, während die Araber, die diese kaum wahrnahmen, sie zu ihrem eigenen Schaden vernachlässigten.[15]

De Boers Buch ist kein Einzelfall. Man könnte eine ganze Bibliothek von Werken zitieren, die auf ähnliche Weise ihren Lesern den Eindruck vermitteln, dass die Philosophie im Islam im 12. Jahrhundert untergegangen sei. Unter denen, die es ebenso machten, ist zum Beispiel ʿAbdarraḥmān Badawīs (1917–2002) französischsprachige *Histoire de la Philosophie en Islam* (*Geschichte der Philosophie im Islam*), die vor kaum mehr als 30 Jahren erschienen ist und ebenfalls mit Averroes als letztem Philosophen im Islam endet.[16] Der einflussreichste Islamwissenschaftler des 20. Jahrhunderts, der diese Disziplin als Wissenschaft einer Religion überhaupt erst aufgebaut hatte, war der meist auf Deutsch schreibende Ungar Ignaz Goldziher (1850–1921). Selbst wenn sein Verständnis der Philosophie im Islam ein wenig tiefer ging als das de Boers oder Renans, so teilte auch er in maßgeblichen Publikationen den Standpunkt, dass die Philosophie im Islam mit Averroes ihr Ende fand.[17] Er benutzte dabei eine ebenso drastische Sprache wie Renan und schrieb in seinen äußert einflussreichen *Vorlesungen über den Islam* – ein Lehrbuch, dass an deutschen Universitäten noch bis vor wenigen Jahren benutzt wurde –, dass die orthodoxen Gegner der aristotelischen Philosophie im Islam »gnadenlos den Krieg erklärten«.[18]

Die große Bedeutung arabischer und muslimischer Philosophen für das westliche Denken stellt heute kein glaubwürdiger Philosophiehistoriker mehr in Abrede. Trotzdem meinen die meisten Menschen im Westen und unter diesen auch viele Philosophiehistoriker, dass die großen Leistungen der Philosophie im Islam schon während des Mittelalters ein Ende fanden und dass Philosophie im Islam unterging. Die Vorstellung, dass die Philosophie im Islam gerade dann unterging, als sie vom Islam nach Europa kam – nämlich im 12. und 13. Jahrhundert –, ist Teil der weit bedeutenderen Überzeugung eines Niedergangs oder eines kulturellen Verfalls des Islams nach einem »Goldenen Zeitalter«. Diese Idee ist wiederum eng mit dem europäischen Kolonialismus verbunden, der einer »wissenschaftlichen« Begründung bedurfte, in der der Nachweis einer Überlegenheit Europas über andere Teile der Welt im Vordergrund stand.

Westliche Philosophiehistoriker, die über die Philosophie im Islam schrieben, bevor der Prozess der Kolonisation der islamischen Welt begonnen hatte – also vor 1798 –, sahen die Dinge noch ganz anders. Ein Beispiel dafür bietet der Augsburger Gelehrte Johann Jakob Brucker (1696–1770), der 1743 eine sechsbändige Geschichte der Philosophie auf Latein veröffentlichte (*Historia critica philosophiae*), die viele Informationen über das Denken im Islam enthält und keineswegs bei Ibn Rušd, also Averroes, aufhört. Brucker fügt im dritten Band seines Werkes zwei Kapitel über arabische Philosophie ein, die zusammen mehr als 200 Seiten ausmachen. Seine Geschichte der Philosophie im Islam enthält ausführliche Beschreibungen von zwei der wichtigsten nachklassischen Philosophen im Islam, nämlich von Faḫraddīn ar-Rāzī (1150–1210) und Naṣīraddīn aṭ-Ṭūsī (1201–1274), auf die ich im Folgenden zu sprechen kommen werde.[19] Darüber hinaus nennt er eine große Anzahl anderer Philosophen, die wie diese beiden nach Averroes tätig waren. All dies brachte Brucker zusammen, obwohl er, anders als Renan, de Boer oder Goldziher, nicht ein einziges Wort Arabisch lesen konnte.

Ein ähnliches Bild ergibt sich, wenn man nur kurz in das wohl ergiebigste Buch hineinschaut, das in der Zeit vor dem Kolonialismus Wissen über die islamische Geisteswelt innerhalb Europas vermittelte, nämlich in die vierbändige *Bibliothèque orientale* (*Orientalische Bibliothek*), die der Pariser Gelehrte Barthélemy d'Herbelot (1625–1695) zusammen mit einigen seiner Kollegen in Paris 1697 auf Französisch publizierte. D'Herbelots Projekt war ein Vorläufer der großen Enzyklopädien der Aufklärer, die in Frankreich etwa 50 Jahre später entstanden, und es war selber angeregt durch eine islamische Enzyklopädie. Nur etwa 50 Jahre zuvor hatte der große Istanbuler Universalgelehrte

Kātib Çelebī (1609–1657) ein Buch geschrieben, in dem er alle bekannten Wissenschaften beschrieb, einschließlich aller Bücher, zu denen er in Istanbul und auf seinen Reisen Zugang gehabt hatte. Kātib Çelebī schrieb mehrere Jahrzehnte an seinem Werk, bevor er es kurz vor seinem Tod abschloss. Es beschreibt 300 verschiedene Wissensfelder (arab. *'ulūm*) sowie den Inhalt von etwa 15 000 hauptsächlich arabischer, aber auch einiger persischer, türkischer und sogar griechischer Bücher. Diese beeindruckende Enzyklopädie liegt heute gedruckt in zwei großen Folio-Bänden mit je eintausend Seiten vor.[20] D'Herbelots *Bibliothèque orientale* ist über weite Strecken nichts anderes als eine französische Übersetzung dieses arabischen Nachschlagewerkes, und wie jenes enthält sie viele Informationen über nach-averroische Autoren wie Faḫraddīn ar-Rāzī, Naṣīraddīn aṭ-Ṭūsī, Kemalpašazādeh (gest. 1536) oder Mullah Ṣadrā Šīrāzī (gest. 1640).[21]

Es existierte vor der modernen, akademischen Islamwissenschaft also schon eine Tradition der westlichen Philosophiegeschichtsschreibung über den Islam, die dann im 19. Jahrhundert jedoch gänzlich vernachlässigt wurde und deren Wissen quasi verloren ging. In dieser vorkolonialen Geschichtsschreibung war keine Rede davon, dass die Tradition der Philosophie im Islam, die auch dort aus griechischen Texten hervorging, irgendwann einmal zu Grunde ging und von der religiösen Orthodoxie zerstört wurde. Wie also kam es zu der falschen Idee, dass die Philosophie im Islam im 12. Jahrhundert ihr Ende fand? Nicht alle Gründe können hier diskutiert werden, daher möchte ich nur den wichtigsten anführen. Während die Kultur des Islams sich nämlich in ihrer sogenannten klassischen Periode, d. h.

in ihren ersten fünf Jahrhunderten (bis etwa 1100), auf eine Art und Weise entwickelte, die sowohl der vorhergehenden antiken Kultur als auch unserer eigenen sehr ähnlich war, veränderte diese Kultur sich in den danach folgenden Jahrhunderten so sehr, dass man von einem eigenen nachklassischen Islam sprechen muss. Dieser nachklassische Islam funktionierte aber nicht mehr gemäß den Parametern des so vertrauten klassischen Islams. Vielmehr entwickelte sich in ihm eine andere Art von Kultur, in der sich sowohl Religion als auch Philosophie auf eine Weise veränderten, die uns letztlich unvertraut ist. Die Islamwissenschaft des 19. und 20. Jahrhunderts hat diese Veränderungen schon aus dem Grunde, weil sie von bekannten Kategorien abrücken, als Veränderungen zum Schlechten gesehen. Ihre Diagnose lautete, dass die Kultur des Islams einen Niedergang, eine Dekadenz erlebt hat, die sich Jahrhunderte später nahtlos in den militärischen Niederlagen des osmanischen Reiches fortsetzte. Tatsächlich, so meine hier vertretene These, gab es aber gar keine Dekadenz, sondern nur eine Veränderung der Kultur, in der uns bekannte Traditionen wie die Philosophie auf andere Art betrieben wurden, als wir es gewohnt sind. Nach etwa 1100 bildete sich im Islam eine Gesellschaft heraus, die sich den uns bekannten Kriterien von stetigem Fortschritt und Aufschwung widersetzte.

Bis etwa 1100 wurde Philosophie im Islam auf eine Weise betrieben, die für uns relativ leicht verständlich ist. Philosophen haben Werke geschrieben, in denen sie ihre Leser von ihren eigenen Standpunkten zu überzeugen suchten. Die Suche nach Wahrheit war ein Prozess, in dem ältere Argumente mit neuen konfrontiert wurden. Der bedeutendste islamische Philosoph der klassischen Periode, Avicenna (Ibn Sīnā, gest. 1037), verfasste beispielsweise Werke, die in ihrem Stil und der Art ihrer Argumentation denen griechischer Autoren der Antike gleichen. Viele dieser Werke wurden später auch ins Lateinische übersetzt und damit auch Teil der europäischen philosophischen Tradition. Es ist westlichen Lesern auch aus diesem Grunde nie schwergefallen, sich mit der Philosophie im Islam der klassischen Periode zu befassen. Westliche Leser, die sich für die Philosophie im Islam interessieren, werden schnell auf die drei großen Namen klassischer Philosophie im Islam, al-Kindī (gest. um 865), al-Fārābī (gest. um 950) und Avicenna stoßen und rasch Sekundärliteratur sowie übersetzte Texte aus dem Arabischen finden.[22] Darüber hinaus gibt es eine lange Reihe weiterer Philosophen der klassischen Epoche, die uns nunmehr auch wohlbekannt sind, darunter zum Beispiel Abū Sulaimān as-Siǧistānī (gest. um 987), der in Bagdad einen Kreis einflussreicher Schüler um sich scharte, Miskawaih (gest. 1030), der wichtige Bücher über Ethik verfasste, oder Ibn Ṭufail (gest. um 1185) mit seinem äußerst lesenswerten philosophischen Roman *Ḥayy ibn Yaqẓān* (*Der Lebendige, Sohn des Wachen*).[23] Ibn Ṭufail war ein Lehrer Averroes', der unter allen Philosophen des Islams den westlichen Lesern noch am besten bekannt ist, nicht zuletzt, weil schon vor mehr als 400 Jahren dutzendbändige Ausgaben erschienen, die die lateinischen Übersetzungen seiner Kommentare zu den Werken Aristoteles' zusammen mit anderen seiner Schriften quasi als Gesamtausgabe druckten.[24] Bis heute ist die Philosophie Averroes' die im Westen bekannteste unten den Philosophien des Islams, auch wenn die zunehmende Erforschung Avicennas und die Faszination, die sein Denken auch unter westlichen Lesern ausübt, dies langsam zu dessen Gunsten verändert. Avicenna, der selber zur klassischen Periode des Islam zu zählen ist, und sein philosophisches System spielen nämlich eine ganz entscheidende Rolle in der Herausbildung einer neuen Art von Philosophie im 12. Jahrhundert, der nachklassischen Philosophie im Islam.

IV. Eine so ganz andere Philosophie

Dass Averroes nicht der letzte Philosoph des Islams gewesen ist, möchte ich hier am Beispiel eines seiner jüngeren Zeitgenossen aufzeigen, der am Beginn einer neuen Art von Philosophie steht, die wir heute die nachklassische Philosophie im Islam nennen: Faḫraddīn ar-Rāzī. Er entwickelte die neue Methode nachklassischer Philosophie so sehr weiter, dass sie für die kommenden Jahrhunderte maßgeblich werden konnte. Faḫraddīn begann seine Karriere als ein muslimischer Theologe. Früh kam er aber mit den Werken Avicennas in Berührung und widmete sich auch der Philosophie. Während seiner Karriere schrieb er Bücher sowohl in der Philosophie als auch in islamischer Theologie, dazu – quasi als Hauptwerk – einen 32-bändigen Korankommentar, der bis heute zu den wichtigsten Werken dieses Genres gehört. Faḫraddīn wurde 1150 geboren und wuchs in der Stadt Raij auf (heute ein Vorort von Teheran). Nach seinem Studium in mehreren iranischen Städten schloss er sich dem Hof des Königs von Chwaresm an, einem Landstrich, der heute auf der gemeinsamen Grenze von Usbekistan und Turkmenistan in Zentralasien liegt. Dort verfasste Faḫraddīn die meisten seiner philosophischen Werke. Später wechselte er dann den Förderer und zog in die Gegenden von Afghanistan und Pakistan zur Dynastie der Ghuriden. Jene Herrscher bauten eine Schule für ihn in Herat im Westen von Afghanistan, wo er 1210 starb.

Faḫraddīn ar-Rāzīs erstes Buch in Philosophie ist ein dicker Wälzer von mehr als 1000 Seiten. Anders als vorhergehende Philosophen erklärt er darin aber nicht seine

Positionen – oder wie Avicenna gar ein philosophisches System – und setzt sich daran, die Argumente dafür darzulegen. Vielmehr geht es ihm darum, in einem ersten Schritt alle möglichen Positionen, die man zu einem philosophischen Problem haben kann, aufzuzeigen, um dann nach und nach die Vor- und Nachteile dieser Positionen zu diskutieren. In Faḫraddīns philosophischen Texten ist die Erörterung das wichtigste, wohingegen die Lösung vom Autor selber häufig gar nicht mehr angedeutet, geschweige denn explizit aufgezeigt wird. Um ein philosophisches Problem zu verstehen, muss man nicht nur eine, sondern alle vorgeschlagenen Auflösungen kennen. Seitenlang diskutiert Faḫraddīn die jeweiligen Voraussetzungen und Implikationen der verschiedenen Ansätze und bleibt am Ende seinen Lesern meist eine Entscheidung schuldig. Es geht ihm also nicht darum, seine Leser oder seine Studenten von einer bestimmten Position zu überzeugen. Vielmehr ist sein Ziel, diese Leser so kompetent zu machen, dass sie selber eine Entscheidung fällen können. Dies führt zu einer ganz anderen Art von Philosophie als jene, die noch Avicenna und seine Studenten betrieben haben.

Schließlich ist ein weiterer Aspekt für Faḫraddīns Art von Philosophie kennzeichnend: Er hält nämlich gelegentlich mehr als eine Lösung für möglich. Es gibt philosophische Fragen, die wir Menschen nicht entscheiden können. Gott, so argumentiert Faḫraddīn, hat uns in Bezug auf die Lösung solcher Probleme keinen echten Fingerzeig gegeben, der uns erlauben würde, zu wissen, auf welche Weise er seine Schöpfung eingerichtet hat. Dies betrifft nicht nur Nebensächlichkeiten, sondern manchmal die wichtigsten philosophischen Fragen überhaupt, vor allem die Auseinandersetzung darüber, ob Gott seine Schöpfung aus einem freien Willen gestaltet hat oder ob er nicht vielmehr ein Schöpfungsprinzip ist, das nicht frei darüber entscheiden kann, was in dieser Welt geschieht, sondern die Welt, wie sie gestaltet ist, notwendig macht.

In der Philosophie zählt nur die Stärke des besseren Arguments, und dies wird auch von Faḫraddīn ar-Rāzī akzeptiert, selbst dann, wenn die Konsequenzen für jemanden wie ihn, der in muslimischer Theologie aufgewachsen ist, nicht immer wünschenswert waren. Dies zeigt sich bei seinen Überlegungen zur Ewigkeit der Welt. Der Konflikt war seit einigen Jahrhunderten klar abgesteckt zwischen den muslimischen Theologen und einer Gruppe von Philosophen, deren Denken von Aristoteles und Avicenna beeinflusst wurde. Es ging dabei aber um mehr als nur zu wissen, ob die Welt von Ewigkeit an in der Vergangenheit besteht oder nicht. Avicenna hatte ein Argument für die Existenz Gottes entwickelt, das für viele seiner Nachfolger attraktiv war und das in der Konklusion endet, dass Gott *absolute* Einheit ist, in der es überhaupt keine Unterscheidungen oder Differenzierungen geben kann. Gott hat demnach also auch keine positiven Attribute wie »Allmacht« oder »Barmherzigkeit« (obwohl Gott auch für Avicenna in einem sehr philosophischen Sinn allwissend und barmherzig ist). Dies sind für Avicenna eher menschliche Charakterisierungen von Gottes vollkommenem einheitlichen Sein.

Eine weitere Implikation aus Avicennas philosophischem System lautet, dass Gott nicht wählen oder sich aussuchen kann, wie er die Welt schafft und gestaltet. Jede Wahl bedeutet eine Entscheidung zwischen mindestens zwei Alternativen. Gott kann aber nicht zwischen zwei oder mehr

Dingen entscheiden, denn anders als wir Menschen ist Gott absolute Einheit, in der es überhaupt kein »zwei« oder »drei«, wie beim Abwägen zwischen zwei oder mehr Alternativen geben kann. Für Avicenna hat Gott keinen freien Willen, der unter alternativen Möglichkeiten jene aussucht, die ihm am besten gefällt. Genauso wie Gott nicht die Möglichkeit hat, kein Schöpfer zu sein – weshalb diese Welt von Ewigkeit an besteht –, so hat er bei Avicenna auch nicht die Möglichkeit, ein anderer Schöpfer zu sein und etwas anderes zu schaffen. Oder anders ausgedrückt: Avicennas Gott ist der Gott der Philosophen, aus dem die Naturgesetze notwendig hervorgehen. Ja, man könnte sogar etwas modern und salopp sagen, dass der Gott Avicennas mit diesen Naturgesetzen identisch ist, denn Gott ist es, der alles, was auf der Welt passiert, notwendig macht. Alles folgt als Wirkung notwendig aus seiner *einen* Ursache. In diesem Sinn erinnert Avicennas Gott sehr an den Gott Spinozas oder an den der sogenannten Deisten, also die Art wie Johann Wolfgang Goethe (1749–1832) oder Albert Einstein (1879–1955) an Gott geglaubt haben. Jener Gott ist ein Schöpfer, oder eher ein Schöpfungsprinzip, das, sobald die Schöpfung einmal in Gang gekommen ist, nicht mehr eingreifen kann. Dennoch ist alles, was geschieht, von diesem gottähnlichen Prinzip »gewollt«, denn dieses Prinzip hat es letztlich bewirkt. Tatsächlich hatte Spinoza, der als Jude in Amsterdam aufgewachsen war, durch seine Fähigkeit, hebräische Bücher über Philosophie zu lesen, zum Denken Avicennas einen relativ leichten Zugang, der sich seinen christlichen Zeitgenossen so nicht bot.[25]

Dieses Verständnis von Gott war den muslimischen Theologen zu unpersönlich. Zu deutlich waren für sie die

Textbelege in der Offenbarung, die von einem echten Willen Gottes ausgehen und ihm eine aktive Entscheidung im Sinne einer Wahl zwischen Alternativen, also darüber, was in seiner Schöpfung geschieht, zusprechen. Für die muslimischen Theologen kann Gott frei darüber entscheiden, was er erschafft, wann er erschafft und ob er überhaupt erschafft. Gott ist mitnichten gezwungen, die Welt zu erschaffen. Faḫraddīn ar-Rāzī, unser nachklassischer Philosoph im Islam, musste nach seiner Untersuchung dieses Themas zugeben, dass die besseren philosophischen Argumente auf der Seite Avicennas standen. Sicher hat auch Faḫraddīn in seinen theologischen Büchern gelehrt, dass Gott einen freien Willen hat. Theologie ist vor allem damit beschäftigt, die Offenbarungsschrift, also den Koran, zu erklären, und wenn man ihn zu Rate zieht, so hatten die Theologen Recht. In seinen philosophischen Büchern allerdings zeigte sich Faḫraddīn stark von Avicennas Argumenten beeindruckt, vor allem von jenem über Gottes radikale Einheit. Er sah auch ein, dass jedes Ereignis in dieser Welt einen hinreichenden Grund haben muss. Also müsste auch der Zeitpunkt für die Schöpfung der Welt, wenn sie denn zu einem bestimmten Zeitpunkt eingesetzt hat, einen hinreichenden Grund haben. Nur: Welcher kann das sein, wenn vor der Erschaffung der Welt nichts außer Gottes absoluter Einheit da ist? Gottes Einheit kann nur *eine* Wirkung haben, nämlich die Schöpfung selber – nicht auch noch den Zeitpunkt, zu dem sie einsetzt.

Der Konflikt, der Faḫraddīn beschäftigt hat, ist heute noch lange nicht gelöst. Auch wir können nicht entscheiden – und niemand verlangt es wirklich von uns –, ob die Welt von Ewigkeit an besteht oder in der Zeit geschaffen wurde. Die heutige Wissenschaft lehrt uns, dass die Welt, in der wir leben, vor etwas mehr als 13 Milliarden Jahren aus dem Urknall, dem *Big Bang*, hervorgegangen ist. Ob aber der *Big Bang* das allererste Ereignis der Welt war, oder ob er nicht selber Ursachen hatte, die wir nicht ermitteln können, das lässt sich mit unseren Mitteln der Erkenntnis nicht sagen. Der *Big Bang* ist so etwas wie eine erkenntnistheoretische, eine epistemologische Grenze, und wir können uns noch nicht einmal vorstellen, wie wir die jemals überwinden könnten. Die muslimischen Theologen haben ähnlich argumentiert: Bei Gott haben wir eine erkenntnistheoretische Grenze erreicht; hier hilft kein Vernunftargument mehr. Gott kann durchaus Einheit sein und zugleich mehrere Wirkungen hervorbringen und auch mehrere Attribute haben, selbst wenn dies unserer Logik widerspricht. Wie Gott ist, müssen wir aus der Offenbarung von dem lernen, was er uns über sich selber lehrt. Faḫraddīn ar-Rāzī war sich da jedoch nicht so sicher. Angenommen, dass das Prinzip des hinreichenden Grundes hier in dieser Welt gilt, gilt es dann nicht auch für Gott? Und wenn dieses gilt, so gibt es wegen Gottes radikaler Einheit nun einmal keinen Grund dafür, dass die Schöpfung zu einem Zeitpunkt begonnen hat. Deshalb ist sie ewig, und deshalb hat Gott keinen freien Willen.

Liest man Faḫraddīns Werke über Philosophie und über Theologie aufmerksam, dann merkt man schnell, dass er nicht entscheiden konnte, welches die richtige Beschreibung Gottes ist, also entweder die von Avicenna oder die der islamischen Theologie bzw. die vom philosophischen Gott oder die eines persönlichen Gottes, wie er im Koran beschrieben wird. Wie wollte man herausfinden, welches die richtige Beschreibung von Gott ist? Faḫraddīn hatte erkannt, dass diese Frage eng mit der Frage nach der Ewigkeit der Welt verknüpft ist. Wenn die Welt zu einem bestimmten Moment in der Vergangenheit geschaffen wurde, dann kann Gott sich ändern und ist nicht absolute Einheit, wie Avicenna es lehrt. Wenn wir klare Hinweise für eine zeitliche Geschaffenheit der Welt finden, dann haben die muslimischen Theologen Recht. Gibt es solche Hinweise aber nicht, dann bleibt die Frage offen. Anders als viele muslimische Theologen glaubte Faḫraddīn nicht, dass eine von Ewigkeit an bestehende Welt unmöglich ist. Eine unendliche Zeitspanne war für ihn durchaus denkbar. In Anbetracht der Tatsache, dass es weder im Koran noch in Gottes Schöpfung deutliche Hinweise für die zeitliche Geschaffenheit der Welt gibt, so Faḫraddīn, muss die Frage, ob Gott einen freien Willen hat, unentschieden bleiben.

Das Andersartige an Faḫraddīns Philosophie – das, was sie als nachklassische Philosophie auszeichnet – zeigt sich zum einen in seiner Methode der erschöpfenden Erörterung aller möglichen Lösungsansätze eines philosophischen Problems und zum anderen in seiner Bereitschaft, selbst wichtigste Fragen der Philosophie unbeantwortet zu lassen. Faḫraddīn geht, was das Wesen Gottes angeht, von der Möglichkeit zweier Lösungen aus: Gott mag einen freien Willen haben – oder auch nicht. Beide Lösungen sind mit der Welt, so wie wir sie kennen, vereinbar. Alles, was sich im Koran dazu findet, mag nichts anderes als figürliche Sprache sein – Metapher letztlich –, hinter der sich eine andere Wahrheit versteckt, möglicherweise die, die Avicenna lehrt. Oder hat Gott tatsächlich einen freien Willen und haben die muslimischen Theologen Recht?

Folgt man allein der Philosophie, so wird man Avicenna Recht geben müssen, folgt man aber der Offenbarung und der Theologie, so muss man den Theologen Recht geben. Die Tatsache, dass beide Erklärungen möglicherweise wahr sind – auch wenn beide einander ausschließen – ist eine Ambiguität, die man als denkender Muslim ertragen muss.

Faḫraddīn ar-Rāzīs Methode zu philosophieren hat sich in den Jahrzehnten nach seinem Tod im frühen 13. Jahrhundert durchgesetzt und charakterisiert wie gesagt das, was wir heute als nachklassische Philosophie im Islam bezeichnen. Es ist eine Philosophie, die sich nicht mehr ihrer Ergebnisse, Positionen und Lehren sicher ist, sondern sich langsam an Lösungen herantastet. Die Methode sorgsamen und gründlichen Forschens steht hier im Vordergrund, nicht das Ergebnis. Die Bücher, die auf diese Weise entstanden sind, sind alles andere als gut lesbare oder gar unterhaltsame Philosophie. Faḫraddīn ar-Rāzīs philosophische Texte sind oftmals eine reine Aneinanderreihung von verschiedenen Positionen und den Argumenten, die für oder gegen diese sprechen. Altbekannte Lehren werden wiederholt und aufs Neue erörtert.

Dabei ist vor allem ein genaues Verstehen der Einteilung dieser Texte unerlässlich. Faḫraddīn benutzt ein Ordnungssystem, das dem europäischer Dissertationen der 1970er und 80er Jahre ähnelt, oder das etwa auch aus Ludwig Wittgensteins (1889–1951) *Tractatus logico-philosophicus* bekannt ist. Hier wird mit einer Folge von Ordinalzahlen (z. B. 2.3.0.3) jeweils der Status einer Aussage oder einer Erörterung angegeben. Dies wird bei Faḫraddīn, der ein ähnliches Ordnungsprinzip, jedoch kein entsprechendes

Zahlensystem hat, schnell sehr unübersichtlich. Ganz wie in den Erzählungen von *Tausendundeiner Nacht* wird stets eine neue Ebene erreicht und eine neue Erörterungsblase geöffnet, in der vielleicht drei oder sieben alternative Standpunkte aufgezählt und miteinander verglichen werden. Ist diese Blase wieder geschlossen, kehrt man auf die nächst tiefer liegende Ebene zurück, auf der man gerade bei der vielleicht sechsten Alternative der vorherigen Diskussion steckengeblieben war. Kurz, Faḫraddīns zwei philosophische Gesamtdarstellungen, *al-Mabāḥiṯ al-mašriqīya* (*Die östlichen Untersuchungen*) und *Kitāb al-Mulaḫḫaṣ fī l-ḥikma wa-l-manṭiq* (*Das Buch der Zusammenfassung über die Philosophie und die Logik*) sind nicht für den Hausgebrauch oder für bloße Liebhaber der Philosophie geschrieben worden. Dies sind keine Bücher, die man allein am Schreibtisch oder vielleicht am Kamin lesen könnte. Sie sind für den Gebrauch in der *Madrasa* geschrieben, in der muslimischen Hochschule, wo eine Gruppe Studenten mit einem Lehrer zusammensitzt und gemeinsam ein Buch studiert. Dies sind Werke, wo zumindest einer oder eine in der Gruppe einen Überblick über die Gliederung behalten muss, und die anderen stets daran erinnern kann, wo man sich gerade befindet und welchen Platz die gerade gewonnene Einsicht im Gefüge der Frage hat, derer man sich widmet. Bislang ist es noch niemanden gelungen, auch nur Auszüge aus diesen Büchern erfolgreich und gut lesbar in eine westliche Sprache zu übersetzen. Diese Werke sind so schwer zu durchdringen, dass der Hauptteil des *Buches der Zusammenfassung über die Philosophie und die Logik* bis heute noch nicht einmal gedruckt vorliegt und nach wie vor in Handschriften studiert werden muss.

Das dritte Hauptwerk Faḫraddīns in der Philosophie neben seinen beiden Gesamtdarstellungen ist ein Kommentar zu einem der bedeutendsten und gleichzeitig knappsten Werken Avicennas, *al-Išārāt wa-t-tanbīhāt* (*Hinweise und Ermahnungen*). Hier fragt Faḫraddīn, ob die Lehren, die Avicenna in seinem Buch präsentiert, gut untermauert und überzeugend sind. Nicht immer kann er ihnen zustimmen. Tatsächlich wird der Kommentar als solcher zu einer äußerst wichtigen Literaturgattung in der nachklassischen Philosophie im Islam, und auch die Werke Faḫraddīns werden bald durch Kommentare ergänzt. Es wäre falsch, anzunehmen, dass in den Kommentaren nur das widergekäut wird, was schon im Text steht. Ein Kommentar kann alles enthalten, Zustimmung, Kritik, aber auch ganz neue Aspekte oder frische Einsichten, die mit dem Grundtext nicht direkt in Verbindung stehen. Der Begriff »Kommentar« bedeutet oftmals nur, dass ein Autor sein Werk im Zusammenhang mit einem anderen, etablierten Werk studiert haben wollte. Dies bot sich vor allem bei Büchern an, die sich schon erfolgreich einen Platz im Madrasa-Studienplan erkämpft hatten.

Die Madrasa wurde damit zu dem Ort, wo diese Art Literatur gelesen und studiert wurde. Es waren Hochschulen des muslimischen Ausbildungssystems, wo häufig sowohl die Professoren als auch die Studenten Stipendien erhielten. Meist waren Madrasas Stiftungen und bezahlten die laufenden Kosten aus Miet- oder Pachteinnahmen von Landbesitz, den reiche Stifter den Schulen übereignetet hatten. Die Anzahl von Madrasas, die es früher in muslimischen Städten gab, ist erstaunlich hoch und erreicht in Großstädten wie Istanbul und Kairo bis an die 50 Einrichtungen. Madrasas waren *die* zentralen Bildungsinstitutionen des nachklassischen Islams. Sie verschwanden erst im 19. Jahrhundert, als sie von neuen Institutionen westlicher Prägung verdrängt wurden. Die leider nur sehr wenigen Informationen, die wir über die Studienpläne an den Madrasas haben, sagen uns, dass die Studenten jeweils verschiedene Fächer studierten und darin zentrale Bücher mit ihren Lehrern durchgingen. Das wichtigste Fach war islamisches Recht (arab. *fiqh*), schon allein deshalb, weil das den späteren Brotverdienst der meisten Absolventen sicherstellte. Daneben gehörte aber auch islamische Theologie (*kalām*) und Philosophie (*ḥikma*) zum Studienplan vieler Madrasas. Das Madrasa-Studium der Philosophie wurde dabei seit dem 13. Jahrhundert von den beiden Gesamtdarstellungen Faḫraddīn ar-Rāzīs, vor allem von seinem einflussreichen *Buch der Zusammenfassung über die Philosophie und die Logik* ganz wesentlich bestimmt.[26] Faḫraddīns Kommentar zu Avicennas *Hinweisen und Ermahnungen* stand bis zum Ende dieser Institution im 19. Jahrhundert auf dem Lehrplan vieler Madrasas.[27] Allein die Trennung in die zwei Felder Philosophie (*ḥikma*) und Theologie (*kalām*) bewirkte, dass die Studenten zumindest eine Ahnung davon bekamen, dass diese beiden Disziplinen, etwa in Bezug auf die Frage nach der Natur Gottes, zu unterschiedlichen Ergebnissen kamen. Ein sehr kurzes, einführendes Lehrbuch zur Methode von wissenschaftlichen Disputationen, das über Jahrhunderte vor allem in der Türkei in Gebrauch war, stellt an mehreren Stellen die Argumente der Theologie denen der Philosophie gegenüber, ohne dabei eine Entscheidung für eine der beiden Seiten zu fällen.[28] So wurde schon den »Erstsemestern« in den Madrasas beigebracht, dass es nicht um die Ergebnisse, sondern um die faire Disputation ging und dass Theologie und Philosophie unterschiedliche Konklusionen anboten. Wie die meisten Lehrbücher, die in den Madrasas bis zuletzt benutzt wurden, entstand dieses im 13. Jahrhundert – im Jahrhundert nach Faḫraddīn – und wie viele andere baut es ganz wesentlich auf dem von ihm Geleisteten auf.[29]

Für Tjitze de Boer, dem Verfasser des ersten westlichen Lehrbuches über die Philosophie im Islam, waren Faḫraddīn ar-Rāzī und die Autoren der Madrasa-Leitfäden über Philosophie nichts anderes als »Kompendienschreiber«, die man »mit wenigen Worten« abtun konnte. Diese Art von Literatur, so de Boer, verliere sich in spitzfindiger Kasuistik, die allein der Glaubenslehre diente. Ihre Zeit sei eine »Zeit der Kompendien, der Kommentare, der Glossen und Superglossen« gewesen. De Boer, der dies alles Anfang des 20. Jahrhunderts schrieb, weist abschätzig darauf hin, dass die Lehrbücher des 13. Jahrhunderts noch zu seiner Zeit an einigen wenigen übrig gebliebenen Madrasas, wie der berühmten al-Azhar in Kairo, in Gebrauch waren: »Man lässt sich […] die von den alten Philosophen aufgefundenen Regeln des Denkens gefallen, lächelt aber dabei über jene Männer […]«.[30] Tat man das wirklich im Kairo des frühen 20. Jahrhunderts, oder war es nicht vielmehr der Europäer de Boer, der für die Philosophen des nachklassischen Islams nichts anderes als ein arrogantes Lächeln übrig hatte?

V. Ambiguität, Synthese und ein Mangel an Fortschritt

Im Jahre 1277 veröffentlichte der Bischof von Paris, Étienne Tempier (gest. 1279), eine Liste von 219 Thesen, über die von da an, an der Pariser Universität oder auch anderswo in der Stadt, nicht mehr diskutiert werden durfte. Er reagierte mit der Liste auf eine Aufforderung des Papstes, der sich über die Häresien beschwerte, die ihn aus Paris zu Ohren gekommen waren. Viele der Ideen, die im Europa des 13. Jahrhundert kursierten, waren vorher aus arabischen Büchern ins Lateinische übersetzt worden. Die Gelehrten, die sich von solchen Ideen hatten infizieren lassen, nannte man nach Averroes »Averroisten«, da man annahm, dieser hätte diese Irrlehren durch seine Bücher vermittelt. Schon sieben Jahre zuvor hatte Bischof Tempier die Lehre von der Ewigkeit der Welt auf einen Index von 13 Häresien gesetzt, und es erstaunt wenig, dass sich diese auch unter den 219 Thesen wiederfindet.

Für unseren Zusammenhang besonders interessant ist die Einleitung, die der Liste vorangesetzt ist. Darin beschwert sich Tempier über eine bestimmte Geisteshaltung, die er unter jenen fand, die sich mit den neuen Lehren aus der islamischen Welt befassten:

> »Sie sagen nämlich, diese Irrlehren seien wahr im Sinne der Philosophie, aber nicht im Sinne des christlichen Glaubens, als gäbe es zwei gegensätzliche Wahrheiten und als stehe gegen die Wahrheit der Heiligen Schrift

die Wahrheit in den Schriften der gottverworfenen Heiden [...].«[31]

Mit »gottverworfenen Heiden« meint Bischof Tempier die muslimischen Philosophen, die jene Irrlehren wie die einer in Ewigkeit andauernden Welt in ihren Büchern verbreiteten. Er schreibt seinen Gegnern, also den Averroisten in Paris, die Idee einer »zweifachen Wahrheit« (*dublex veritas*) zu. Diese Theorie einer doppelten Wahrheit hat viele Forscher fasziniert. Man ist zu den Schriften derer gegangen, die Tempier hier gemeint haben könnte, und hat nachgeforscht, ob ein lateinischer Gelehrter dieser Zeit jemals eine solche doppelte Wahrheit vertreten hat, ist aber bislang im lateinischen Schrifttum dieser Zeit nicht fündig geworden.

Faḫraddīn ar-Rāzī gehört einer Epoche der muslimischen Philosophiegeschichte an, die – wie die Bischof Tempiers – erst nach dem Wirken Averroes' im 12. Jahrhundert begann. Mit Averroes brach der bis dahin rege Kontakt Europas zur Philosophie der islamischen Welt erst einmal ab. Wir müssen davon ausgehen, dass niemand in Paris – also auch nicht jene, die Averroes gut kannten – jemals von Faḫraddīn ar-Rāzī gehört oder gar eine seiner Schriften gelesen hat. Trotzdem mag etwas von seiner Haltung, dass es zwei Arten gibt, die Natur Gottes zu erklären, bis nach Paris gedrungen sein. Die Position Faḫraddīns war ja nicht nur seine private, sondern bildete die Grundlage einer ganzen Denkrichtung, nämlich die der nachklassischen Philosophie im Islam.

Um diese Frage soll es hier aber nicht gehen. Vielmehr möchte ich hervorheben, wie Bischof Tempier allein schon auf das vage Gerücht hin reagiert, es möge Leute geben, die von zwei Wahrheiten ausgehen. Er stellt nämlich schon jedes Gespräch oder Gerede darüber unter Strafe. Wahr ist das, was in der Heiligen Schrift steht, und bereits die bloße Erwägung von anderen Möglichkeiten wird hier *ex cathedra* eine kategorische Absage erteilt. Bischof Tempier unterscheidet von Faḫraddīn ar-Rāzī, dass er die Unsicherheit, nicht wirklich zu wissen, wie Gott ist, nicht ertragen kann. Was bei Faḫraddīn eine Triebfeder für seine Art zu philosophieren wird, nämlich dass er sich zwischen der Ewigkeit der Welt und ihrer zeitlichen Geschaffenheit mit guten Gründen nicht entscheiden kann, wird von Bischof Tempier nicht akzeptiert. Wo Faḫraddīn die Konsequenz zieht, seinen Lesern und Studenten beide Positionen – die des philosophischen Gottes und des Gottes aus dem Koran – zu lehren, lehnt Bischof Tempier jede Diskussion ab. Er kann diese Mehrdeutigkeit, diese Ambiguität des Wissens über Gott nicht aushalten.

Im Islam gab es niemals einen Papst und auch keine Bischöfe, die Listen häretischer Lehren wie den *Index librorum prohibitorum* (*Verzeichnis der verbotenen Bücher*) veröffentlicht haben. Sicher, manchmal hat auch ein einflussreicher islamischer Religionsgelehrter versucht, sich zu einer Position aufzuschwingen, die der Étienne Tempiers ähnlich war, und hat gewisse philosophische Lehren als Unglaube und Abfall vom Islam verdammt, der mit dem Tod zu bestrafen ist. Solche *fatwās* sind aber nur dann rechtswirksam, wenn sie von Richtern und anderen Rechtsgelehrten übernommen wurden. Dazu muss nicht nur ihr Ergebnis – also die Verurteilung von philosophischen Lehren –, sondern auch die entsprechende rechtliche

Argumentation überzeugend sein. Unter muslimischen Rechtsgelehrten gab und gibt es ganz generell einen Widerwillen, Angeklagte für Dinge zu verurteilen – hier wäre dies der Abfall oder die Apostasie vom Islam –, die ein solches »Gedankenverbrechen« nicht offen zugeben. Islamische Versuche, philosophische Lehren zu verurteilen, blieben deshalb bis auf wenige Ausnahmen so gut wie wirkungslos.

Faḫraddīn ar-Rāzī wäre in keinem Fall von einer solchen *fatwā* betroffen gewesen, denn er sagt ja nicht, dass die Welt von Ewigkeit an besteht, sondern er erwägt diese Position nur und führt aus, sie könne durchaus wahr sein. Ob die Welt ewig oder in der Zeit geschaffen ist, kann niemand genau wissen. Für Bischof Tempier ruft bereits allein der Gedanke, es könnte neben der Wahrheit der Bibel eine Wahrheit in der Philosophie geben, die Inquisition auf den Plan – eine Institution, zu der es im Islam ebenfalls nie ein entsprechendes Äquivalent gegeben hat.

Hier deutet sich ein fundamentaler Unterschied nicht nur in der Philosophie, sondern zwischen zwei verschiedenen Gesellschaftssystemen an. Thomas Bauer hat 2011 in seinem Buch *Die Kultur der Ambiguität* erstmals auf diesen Unterschied hingewiesen. Zentral für Bauer ist das Konzept der Ambiguitätstoleranz, das er aus der Psychologie übernimmt. Die Psychologie beschreibt, wie Menschen mit Situationen umgehen, in denen sich die Wahrheit oder auch das Recht nicht eindeutig bestimmen lässt. Bauer geht davon aus, dass nicht nur Individuen, sondern ganze Gesellschaften in solchen Situationen anders reagieren und manchmal mehr, manchmal aber auch deutlich weniger Toleranz für Ambiguität und Mehrdeutigkeit aufbringen.

Ausgehend von seinem eigenen Forschungsfeld, nämlich der arabischen Liebesdichtung, entwickelt Bauer in seinem Buch die These, dass Kulturen, die vom Islam geprägt wurden, von einem viel höheren Maß an Ambiguität bestimmt waren, als wir es sowohl von unseren eigenen Gesellschaften als auch unseren historischen Vorgängern kennen.

Der Islam ist für Bauer eine Religion, die Mehrdeutigkeit predigt. Es gibt z. B. keine alleingültige Textversion des Korans, auf den sich alle Muslime geeinigt hätten. Vielmehr wurde der Koran nach dem Tod Muhammads (gest. 632) gesammelt. Seine Gefährten trugen ihre Erinnerungen über die Offenbarungen, die Muhammad empfangen hatte, zusammen und schrieben sie auf. Das hört sich um vieles vager an, als es tatsächlich war, denn schließlich hatte man diese Offenbarungen schon zu Lebzeiten Muhammads notiert, jedoch nicht zu einem Buch zusammengefügt. Dieser Prozess des Sammelns führte nun zu einer Ambiguitätskrise, so Bauer. Es gab einfach zu viele Meinungen darüber, was der Text nun genau sein sollte. Auf diese Krise hat der Islam nicht, wie wir es erwarten würden, mit Disambiguierung reagiert, beispielsweise dadurch, dass ein Kalif den Text eindeutig bestimmt und eine bestimmte Sammlung kanonisch gemacht hätte, sondern, so Bauer, mit einer »Ambiguitätszähmung«, indem nämlich die Mehrdeutigkeit auf eine begrenzte Anzahl von Optionen eingeschränkt wurde.

Tatsächlich gab es auch im Islam Versuche, auf Ambiguitätskrisen mit vollkommener Disambiguierung zu reagieren. Der Kalif Uthman (gest. 656), der von 644–656 regierte, so wird berichtet, versuchte durchaus den Text des Korans per Dekret festzulegen, indem er gleich nach dem

Ende der Sammlung jeweils ein Exemplar mit »seinem« Text in die wichtigsten Provinzhauptstädte des jungen islamischen Reiches schickte. Dieser Versuch war aber nicht erfolgreich, denn neben diesem offiziellen Text benutzten Muslime auch andere Varianten. Spätere Generationen einigten sich dann darauf, die Anzahl der erlaubten Lesarten des Korans auf sieben zu begrenzen. Diese sieben Lesarten wurden jeweils nach dem Gelehrten benannt, der sich für sie einsetzte und für ihre Richtigkeit einstand.[32]

Man muss an dieser Stelle deutlich machen, dass die Variationen, über die wir hier sprechen, in den allermeisten Fällen sprachlicher Natur sind und so gut wie nie den Sinn oder die Aussage des Korans berühren. Dabei geht es oft um solche Alternativen wie die Worte »und« oder »sowie«, die beide in einer Reihung benutzt werden können. In Bezug auf die eigentlichen Aussagen des Korans besteht erstaunliche Einigkeit, die in diesem Fall die Zuverlässigkeit der Sammlung an sich bestätigt.

Nachdem jene sieben Lesarten des Korans allgemein anerkannt worden waren, bestand aber immer noch Uneinigkeit darüber, wie die Vokale in diesen sieben Varianten zu setzen sind. Arabisch wird, anders als europäische Sprachen, mit einem Alphabet geschrieben, das die Konsonanten eines Worts aneinanderreiht und vor allem die kurzen Selbstlaute auslässt. Die beiden deutschen Wörter »Fenster« und »finster« würden also auf gleiche Weise geschrieben werden (»*fnstr*«), obwohl sie jeweils etwas ganz anderes bedeuten. Nun fand etwas ganz Ähnliches statt wie zuvor, denn ein paar Generationen später einigten sich die maßgeblichen Gelehrten darauf, dass jede der sieben Lesarten einzig auf eine oder zwei verschiedene Arten mit Vokalen versehen werden können, so dass am Ende dieses Prozesses sich wieder eine begrenzte Anzahl verschiedener Vokal-Lesarten des Korans durchsetzte. Den Einigungsprozess muss man sich nicht wie ein Konzil oder eine Sitzung vorstellen, an dessen bzw. deren Ende über eine gültige Version abgestimmt wurde. Vielmehr entstand diese Einigung in jahrzehntelangen Diskussionen und Auseinandersetzungen zwischen Gelehrten, die sich vielleicht nie persönlich begegnet sind. Am Ende setzte sich einfach eine Position durch, die die Mehrzahl der Gelehrten akzeptabel fand und die gleichzeitig die Ansprüche der bedeutendsten Minderheiten berücksichtigte. Es wurde schließlich nicht mehr akzeptiert, wenn jemand den Koran auf eine Art las, die von diesen etablierten Varianten abwich.

Ein ähnlicher Prozess fand im islamischen Recht statt, wo das vorbildliche Handeln des Propheten Muhammad den Maßstab dafür abgab, was als gerecht gilt. Wenn man sich auch über dieses Handeln selber durch das Sammeln von Berichten über Muhammad – den sogenannten Hadithen – einigen konnte, über das Recht konnte man sich nicht einigen. Sobald die Interpretation der Hadithe (also der Überlieferungen über das Leben Muhammads) begann, begannen auch die Meinungsverschiedenheiten. Rechtsgelehrte in einer Stadt hatten bald völlig andere Positionen entwickelt als die in einer anderen. Auch hier wurde Ambiguität »gezähmt«, indem am Ende vier Rechtsschulen Anerkennung fanden, die entweder eine bestimmte lokale Tradition (die der Städte Medina oder Kufa beispielsweise) oder einen bestimmten methodischen Ansatz repräsentierten. Nach etwa zwei Jahrhunderten setzten sich diese vier Rechtsschulen im sunnitischen Islam durch, und es wurde klar, dass sich jeder Rechtsgelehrte einer von ihnen anschließen musste. Meinungsverschiedenheiten über das Recht wurden und werden aber nach wie vor ausgetragen, und zwar sowohl innerhalb der Rechtsschulen als auch in Disputen zwischen ihnen. Entsprechend kanalisiert dieses System der vier Schulen den Dissens.

Bauer führt eine Vielzahl von Beispielen an, die das große Ausmaß von Ambiguitätstoleranz in vormodernen islamischen Gesellschaften illustrieren. Er hebt dabei besonders die Beantwortung einer Ambiguitätskrise mit Ambiguitätszähmung hervor. Dafür lassen sich viele Beispiele im Islam finden, etwa bei der Sammlung der verschiedenen Berichte über das Handeln des Propheten, im islamischen Recht oder in der Literatur. Viele Muslime haben die Tatsache, dass es eine große Zahl von Meinungsverschiedenheiten unter Muslimen gab und weiterhin gibt, als ein Zeichen dafür angesehen, dass Gott ihnen beisteht. Dies hat sich in einem populären Ausspruch ausgedrückt, der häufig Muhammad selber in den Mund gelegt wurde und der da lautet: »Die Meinungsverschiedenheiten in meiner Gemeinde sind eine Gnade« (arab. *iḫtilāf ummatī raḥma*). Ob Muhammad das wirklich gesagt hat, ist fraglich – in den kanonischen Sammlungen des Hadith findet sich der Ausspruch nicht. Doch der Satz drückt eine weitverbreitete Meinung unter Muslimen aus. Gemeint ist hier vor allem, dass die Meinungsverschiedenheiten unter den Muslimen den Islam nicht zerstört haben. Schauen wir nämlich auf die Periode des nachklassischen Islams, dann finden wir, dass der Islam – ganz anders als das Christentum zu jener Zeit – keine Religionskriege, keine Hexenverbrennungen und auch keinen Index verbotener Bücher kannte. Weder gab es »einen organisierten Klerus«, so Bauer, »noch eine Unterdrückung von Philosophie und Naturwissenschaften und auch keine Ketzerprozesse gegen Rationalisten«[33].

Der Eindruck, den die meisten Menschen im Westen vom Islam haben, ist aber ein ganz anderer. Wenn wir an unser eigenes Mittelalter denken, dann vor allem an ein dunkles Zeitalter, das von Hexenverbrennungen, Religionskriegen, Intoleranz und Unterdrückung des Freidenkertums geprägt wurde. Viele schließen daraus, dass all dies im Islam noch viel schlimmer gewesen sei. Das ist aber schlicht und einfach ein Fehlurteil. Für diesen Fehlschluss möchte ich hier kurz drei Gründe anführen:

1. Die jahrhundertealte Feindschaft Europas gegenüber dem Islam,
2. gepaart mit dem kolonialistischen Bestreben, den Islam reformieren zu müssen – was die Annahme eines Makels auf Seiten des Islams voraussetzt –
3. sowie die Projektion zeitgenössischer Konflikte in die Vergangenheit.

Wenn wir heute sehen, dass sich Sunniten und Schiiten im syrischen Bürgerkrieg gegenseitig an die Kehle gehen, dann meinen wir, dass dies das Wiederaufflammen alter Konflikte ist, die früher noch viel schlimmer gewesen sein müssen. Dieser Gedanke wird uns von unserem Verständnis von Fortschritt aufgedrängt. Der Frieden zwischen diesen beiden Konfessionen, den Syrien lange Zeit erlebt hat, muss ein Fortschritt gegenüber jener Zeit davor gewesen sein.

Tatsächlich ist so etwas, was wir jetzt in Syrien beobachten, während der vorkolonialen Periode nicht vorgekommen. Konfessionelle Konflikte flammten in Syrien und im Libanon erst im 19. Jahrhundert auf, als sich langsam ein neues Verständnis von Staat durchsetzte, das vor allem durch die Unterstützung europäischer Mächte für ausgewählte Konfessionen (meist Christen) verbreitet wurde. Eine moderne Vorstellung von Staat im Nahen und Mittleren Osten beinhaltet, dass die schon seit langem vorhandenen religiösen Gemeinschaften sich nun in Verteilungskämpfen über staatliche Ressourcen gegenüberstehen. Das gab es zuvor so nicht. Während der Periode, die um 1100 begann und 1798 mit dem Einmarsch Napoleons in Ägypten endete, und die ich hier vereinfachend »den nachklassischen Islam« nenne, gab es im Islam keine blutigen Konflikte zwischen Muslimen, die auch nur annähernd mit den Religionskriegen des 16. und 17. Jahrhunderts in Mitteleuropa oder mit den seit 1975 aufflammenden Bürgerkriegen im Libanon, in Syrien und im Irak vergleichbar wären.

Nicht, dass es gar keine Konflikte gab. Könige haben gegen andere Könige, Sultane gegen andere Sultane und Feldherren gegen andere Feldherren Kriege geführt und Schlachten geschlagen. Ließen sich konfessionelle Unterschiede innerhalb solcher Kriege zur Mobilisierung kollektiver Gewalt ausnutzen – wie zum Beispiel zwischen den mehrheitlich sunnitischen Osmanen in der Türkei und den mehrheitlich schiitischen Safawiden im Iran –, dann wurde das auch getan. Ein Phänomen wie der Dreißigjährige Krieg in Mitteleuropa, als 1618–1648 katholische und protestantische Heere ganze Landstriche zerstörten, ist uns aus dem Islam der nachklassischen Periode allerdings gänzlich unbekannt – und auch undenkbar.

Dem von Thomas Bauer aufgebrachten Begriff der Ambiguitätstoleranz ist ein weiterer hinzuzufügen: ein Mangel an Fortschritt. Ambiguität macht langsam! Wollten wir die Gesellschaften der islamischen Welt in ihrer nachklassischen Periode mit denen Europas vergleichen, so müssten wir vor allem eines feststellen: Während sich in Europa langsam ein Bewusstsein und bald auch ein Verlangen nach Fortschritt durchsetzte, so fehlte ein solches Bewusstsein in den meisten vormodernen islamischen Gesellschaften. Dieser Mangel an Fortschritt wird den muslimischen Gesellschaften oft vorgeworfen und als Erklärung für ihren Niedergang und ihre Unterlegenheit gegenüber der kolonialen Expansion Europas herangezogen. Mangel an Fortschritt und Verfall sind aber zwei völlig verschiedene Dinge, die nicht miteinander verwechselt werden dürfen.

Natürlich war das ägyptische Heer dem französischen 1798 hoffnungslos unterlegen, ähnlich wie die meisten islamischen Armeen in den folgenden Jahrzehnten fast mühelos von europäischen Heeren geschlagen werden konnten. Aber ging mit der militärischen Überlegenheit Europas ein Niedergang der islamischen Welt einher? Europäer haben dies natürlich so wahrgenommen, denn bald dominierten sie die islamische Welt nicht nur militärisch, sondern auch ökonomisch. Die zunehmende Produktivität in ihren Ländern erlaubte es, eine große Anzahl von Gütern, die auch in islamischen Ländern nachgefragt waren, viel kostengünstiger herzustellen, als es dort möglich war. Doch selbst dies sagt nichts darüber aus, ob Ägypten und viele andere Länder der islamischen Welt am Vorabend der Kolonisation sich in einem Prozess des Niedergangs oder Verfalls befunden haben.

Um eines klarzustellen: Kolonisation und das militärische wie auch ökonomische Eindringen europäischer Mächte in die islamische Welt hatten schnell einen Verfall zur Folge. Militärische Siege führen rasch dazu, dass die Ideen der Sieger denen der Besiegten vorgezogen werden. Frankreichs militärischer Sieg 1798 führte dazu, dass im folgenden Jahrhundert das System der Madrasa-Ausbildung in Ägypten abgeschafft und zuerst durch polytechnische Hochschulen und später durch Universitäten nach französischem Vorbild ersetzt wurde. Es wäre allerdings vorschnell, daraus zu schließen, dass eine profunde Madrasa-Ausbildung 1798 für Ägypten unangemessen oder gar veraltet gewesen sei.

Europäische Mächte hatten sich seit dem Beginn der Kreuzzüge 1095 mehr und mehr daran gewöhnt, ihre zunehmende militärische Stärke auch auf die Länder außerhalb Europas zu projizieren. 1492 markiert mit der Einnahme von Granada, dem letzten Ort muslimischer Herrschaft in Westeuropa, die Vollendung der Kreuzzüge und mit Kolumbus' Entdeckung Amerikas auch den nahtlosen Übergang zum Kolonialismus. Nicht umsonst wird 1492 oft als das Ende des Mittelalters und der Beginn der frühen Neuzeit verstanden. Dabei wissen wir heute, dass Kolumbus Amerika gar nicht als Erster »entdeckt« hat. Wikinger waren Jahrhunderte vorher dort, baskische Fischer wohl auch, ja, es gibt sogar Anzeichen dafür, dass es arabische Seefahrer an die Küsten Südamerikas verschlagen hatte: Dort fertigten sie Karten an, die später von spanischen und portugiesischen Entdeckern genutzt werden konnten.[34] Alle diese vorhergehenden Entdeckungen blieben aber folgenlos, weil diese »Entdecker« kein Interesse an der Eroberung und der Vorherrschaft über diese Länder hatten. Sollten islamische Schiffe vor 1492 jemals Südamerika erreicht haben – vielleicht durch Zufall, ähnlich, wie es portugiesische Schiffe um 1500 ergangen sein soll –, so hat dies nicht zu einer sofort veröffentlichten Sensation, einer schnell sich ausbreitenden Begeisterung und dem Aufbruch nach Abenteuern und Reichtum lechzender Männer geführt, so wie Kolumbus' Entdeckung es tat. Die Männer, die Kolumbus folgten, haben recht wenig Geduld mit der einheimischen Bevölkerung gehabt, so dass kaum 40 Jahre später nicht nur ein, sondern gleich zwei Großreiche, nämlich das der Azteken und der Inkas, zerstört waren. Wir wissen heute, dass zum Verständnis der Zerstörungskraft der Europäer, ihre Kontrolle über Pferde und die Überlegenheit ihrer Waffen nur eine untergeordnete Rolle gespielt haben. Es waren vielmehr die Durchtriebenheit, politische Gerissenheit, und auch Ruchlosigkeit, gepaart mit einer Entschlossenheit und der Bereitschaft, Gewalt auch in Situationen anzuwenden, in denen die eingeborenen Amerikaner dies für absolut tabu hielten, die den spanischen Hidalgos ihre heute noch kaum vorstellbaren Erfolge ermöglichten. All dies wiederholte sich, wo immer Europäer in den folgenden Jahrhunderten an Land gingen und der einheimischen Bevölkerung entweder militärisch oder durch ihre strategische Erfahrung überlegen waren. Mit einigem Recht kann man behaupten, dass Europas Haltung gegenüber der Welt außerhalb des eigenen Kontinents – frei nach Caesar – als ein *veni, vidi, destruxi* charakterisiert werden muss: »Ich kam, ich sah, ich zerstörte.«

Das *vidi*, also das »Sehen«, war dabei ein ganz bedeutender und wesentlicher Schritt, der auch ein enormes

Interesse an der islamischen Welt provozierte. Europäer hatten stets ein großes wissenschaftliches Interesse an der islamischen Welt, sogar lange bevor die verschiedenen akademischen Fächer der Nahostwissenschaften im 19. Jahrhundert entstanden. Dem steht ein Desinteresse der vorkolonialen islamischen Welt an Europa entgegen, das ihr nicht selten vorgeworfen wird. Islamwissenschaftler, wie Bernard Lewis (1916–2018), haben deshalb argumentiert, dass der angebliche geistige Verfall der islamischen Welt mit diesem Desinteresse an Europa eng zusammenhing.[35]

Ich habe bereits ausgeführt, dass ich keine Anzeichen eines Verfalls oder Niedergangs der islamischen Welt vor 1798 sehe. Was ich sehe, ist vielmehr ein europäischer Sonderweg, der sich aggressiv anderen Kulturen entgegenstellt. Dieser Weg ist insofern besonders, weil er von keiner der anderen regionalen Kulturen der Welt beschritten wurde. Mit seinen schmalen Gassen, seinen verschlossenen Stadtvierteln und seinen Madrasas hatte Kairo 1798 wahrscheinlich weit größere Ähnlichkeit mit anderen außereuropäischen Großstädten wie Delhi, Beijing, Ayutthaya in Thailand oder Edo in Japan, als Kairo es mit Paris hatte. Zumindest gab keine dieser anderen Städte ihren jungen Männern Waffen in die Hand und schickte sie in fremde Länder, von denen sie nur vage gehört hatten, um diese zu erobern und auszubeuten.

Hier zeigt sich ein Zusammenhang, so denke ich, zwischen einer hohen Toleranz für Ambiguität und einem Mangel an Fortschritt. Diese zwei Charakteristika stehen wiederum selbst in einem engen Zusammenhang damit, wie Philosophie und andere geisteswissenschaftliche Disziplinen in nachklassischen islamischen Gesellschaften betrieben wurden. Gehen wir zurück zu Faḫraddīn ar-Rāzīs Werken, so sehen wir, dass sein Ziel nicht darin bestand, seine Leser von seinen eigenen philosophischen Positionen zu überzeugen. Ja, es lässt sich schwer sagen, was denn seine eigenen philosophischen Positionen überhaupt gewesen sein könnten. Seine philosophischen Bücher betreiben Philosophie, indem sie die Leser mit einer Vielzahl von Lösungsansätzen vertraut machen und deren Vor- und Nachteile diskutieren. Faḫraddīn hat diese Methode unter anderem deshalb entwickelt, weil er sich nicht zwischen den zwei vorhergehenden denkerischen Systemen, nämlich dem des Avicenna und dem der islamischen Theologie, entscheiden konnte. Beide traten mit einem gewissen Absolutheitsanspruch auf und forderten ihre Leser auf, nur jeweils ihren Argumenten zu folgen. Faḫraddīn sah sich dazu nicht in der Lage, und löste das Problem, indem er sich weigerte, eine der beiden als absolut anzuerkennen.

Schon der vage Vergleich mit Étienne Tempiers Verurteilung von 1277 macht deutlich, dass Faḫraddīns Strategie in Europa niemals Erfolg gehabt hätte. Er wäre wie andere »Averroisten«, die eine Äquivalenz von Philosophie und Theologie für möglich hielten, in die Fänge der kirchlichen Inquisition geraten. Diesen entscheidenden Unterschied zwischen der Philosophie, die nach 1100 im Islam betrieben wurde, und der Philosophie Europas hatte schon 1937 ein junger und talentierter Islamwissenschaftler hervorgehoben. Shlomo Pines (1908–1990) wurde 1936 im Dritten Reich wohl als letzter Jude an der Berliner Universität promoviert. Im Jahr darauf veröffentlichte er einen Aufsatz in einer englischsprachigen Fachzeitschrift in Indien, der der

Islamwissenschaft seiner Zeit um Jahrzehnte voraus war. Dort bestritt er beispielsweise, dass mit Averroes im 12. Jahrhundert die Geschichte der Philosophie im Islam ihr Ende gefunden hatte. In einer Fußnote stellte er lapidar fest, dass die weitverbreitete Meinung, »die sich manchmal in populären Lehrbüchern findet«, dass nämlich einflussreiche Religionsgelehrte wie zum Beispiel al-Ġazālī (gest. 1111) der Philosophie im Islam den Todesstoß versetzt hätten, eine voreilige Verallgemeinerung sei. Heute geben wir Pines Recht und wissen, dass das Gegenteil der Fall war und dass auch dank der Kritik dieser Religionsgelehrten eine neue Art Philosophie im Islam entstand.

Diese neue Tradition der nachklassischen Philosophie im Islam zeichnet sich im Gegensatz zur europäischen Philosophie durch ein größeres Maß an Synthese aus. Dies hatte Pines schon 1937 erkannt, als er schrieb, dass es den nachklassischen muslimischen Philosophen »in keiner Weise an neuen Ideen mangelte; sie waren oft jedoch damit zufrieden, sie in die alten Systeme einzubauen«. Gleichzeitig, so Pines, sei diese nachklassische Philosophie im Islam stabiler gewesen, weil sie nämlich durch Synkretismus, also durch das Ineinanderwirken verschiedener Traditionen, bestimmt war, ohne dass sich die verschiedenen Richtungen dabei einander bekämpften:

> Die islamische Zivilisation war verschiedenen orientalischen, persischen und indischen Einflüssen ausgesetzt und enthielt schon von vorneherein eine größere Anzahl von Elementen unterschiedlicher Herkunft als die europäische. In ihrer weiteren Entwicklung hat sie im Fall eines Konfliktes zwischen zwei philosophischen

> Systemen in der Regel nicht eines davon eliminiert, sondern sie ließ beide – entweder Seite an Seite oder auf verschiedenen Ebenen – bestehen.[36]

Pines' Beschreibung trifft nicht nur auf die Philosophie des nachklassischen Islams zu, sondern auch auf die Gesellschaften, in denen diese Philosophie betrieben wurde. Je tiefer unsere historische Forschung in sie eindringt, desto mehr verstehen wir, dass und wie diese Gesellschaften von Strategien des Ausgleiches bestimmt waren, in der Konflikte nicht auf die Spitze getrieben wurden, um sich dann in Formen von Gewalt zu entladen. Wissenschaft wurde hier nicht als der Kampf von Ideen gegeneinander verstanden, sondern als ein Versuch, verschiedene Ansätze miteinander zu verbinden. Es wundert also nicht, dass die vormoderne islamische Welt keine radikalen Verwerfungen wie die kopernikanische oder gar die Französische Revolution hervorgebracht hat. Diese Umwälzungen waren das Resultat von gesellschaftlichen Konfrontationen – nicht selten gepaart mit einer gehörigen Portion Gewalt –, die wir aus nachklassischen Gesellschaften in der islamischen Welt einfach nicht kennen.

VI. Fundamentalismus und ... Kolonialismus

Im Jahre 1990 strahlte die ARD ein von mehreren europäischen Sendeanstalten unter Führung der BBC produziertes Fernsehspiel aus, das damals als eine Mischung aus Katastrophenfilm und Science-Fiction gedacht war, dessen Grundannahmen heute aber nur allzu wahr geworden sind. In dem Film *Der Marsch* wird ein Flüchtlingsstrom geschildert, der sich von Afrika nach Europa drängt. Nachdem fünf Jahre lang in Afrika Regenfälle ausgeblieben sind, entscheidet die Bevölkerung eines Flüchtlingslagers im Sudan, die Situation nicht weiter passiv zu ertragen, sondern dort hinzugehen, wo – so sind sie überzeugt – ihre Misere ihren Anfang gefunden hat: nach Europa. Auf dem Weg von Sudan nach Marokko schließen sich immer mehr Afrikaner dem Zug der Hungernden an, so dass es am Ende Tausende sind, die an der Straße von Gibraltar gegen die Außengrenzen der Europäischen Union drängen. Eilig werden Vermittler aus Brüssel entsandt, die die Afrikaner zum Umkehren bewegen sollen. Die EU-Entwicklungskommissarin Clare Fitzgerald verspricht den Flüchtlingen Millionen an Hilfsgeldern, wenn sie in ihre Heimatländer zurückkehren. Die Afrikaner aber haben das Vertrauen in die Entwicklungshilfe verloren und setzen in hunderten kleinen Booten über die Straße von Gibraltar über. An der spanischen Küste angekommen, werden sie von Panzern und Soldaten empfangen. Der Film endet damit, wie die erste Gruppe, die es über die Straße von Gibraltar geschafft hat, vom Militär umzingelt wird und resigniert aufgibt. Kein Wort wird in diesem Film über ihr weiteres Schicksal verloren, außer einem belehrenden Kommentar der EU-Entwicklungskommissarin, die die Flüchtlinge zynisch fragt, wie sie jemals hätten glauben können, ohne Einverständnis der Europäer nach Europa gelangen zu können.[37]

Wer den Film heute schaut, ist wenig erstaunt über das Szenario, das sich zwar nicht als gut organisierte Massenbewegung wie im Film, jedoch als die individuelle Entscheidung vieler einzelner Afrikaner verwirklicht hat. Erstaunlich sind die Dialoge des Films. Issa el-Mahdi, der Anführer der Afrikaner, wirft den EU-Vermittlern ganz unverblümt vor: »Wir sind arm, weil ihr reich seid.« Auf den Einwand, dass Europa viel Geld für die Entwicklungshilfe nach Afrika schickt, entgegnet er mit einem Hinweis auf die vielen Katzen, die es als Haustiere in Europa gibt, und die, so habe er erfahren, im Durchschnitt jährlich etwa 200 US-Dollar an Unterhalt kosten. »Lasst uns nach Europa kommen als eure Haustiere«, so Issa, »wir können Milch trinken, können beim Feuer liegen, können eure Hand lecken. Wir können schnurren. Und wir sind viel billiger zu füttern!« Tatsächlich wollen die Afrikaner in diesem Film laut Issa gar nicht nach Europa, um dort ein besseres Leben zu haben, sondern allein aus dem Grund, um den Europäern vor Augen zu führen, wie sehr sie von der existierenden Weltordnung profitieren, und wie sehr die Afrikaner darunter leiden. Mehrmals sagt Issa, dass die Afrikaner schon allein deshalb nach Europa kommen wollen, damit sie nicht in Flüchtlingslagern in Afrika an Hunger sterben, sondern, »damit ihr uns sterben seht«.

Eine der eindrücklichsten Stellen im Film beschreibt, wie die EU-Außenkommissarin Issa el-Mahdi im Boot vor der spanischen Küste trifft und ihn über die Anwesenheit von Militär an der Küste informiert. Wenig schockiert über diese Wendung fragt Issa resigniert: »Ist das, was Sie uns sagen wollen, dass Sie uns töten werden, damit Sie reich bleiben?« Die EU-Außenkommissarin, die seit Jahren vergeblich für die Aufstockung der Hilfsgelder für Afrika gekämpft hat, weiß wenig zu antworten. Issas Resignation teilend, belehrt sie ihn und die anderen Afrikaner im Boot über die Haltung ihrer Landsleute in Europa:

> Wenn ihr umkommt vor der ganzen Weltpresse, glaubt ihr wirklich, die Reichen dieser Welt wären so schockiert und so beschämt, dass sie euch alle Türen aufmachen? Sie werden schockiert sein, ja, aber auch total verschreckt. Sie werden ihre Türen zumachen, verriegeln. Sie werden eine hohe Mauer bauen und euch aussperren für immer. Sie fürchten euch schon, weil ihr arm seid; wenn sie euch umbringen müssen, werden sie euch hassen. Und dann: Welche Hoffnung gibt es dann für euch oder für uns? Ihr seid für immer ausgesperrt und wir für immer eingesperrt. Wollt ihr wirklich dafür sterben?

Das war 1990 in der Tat Science-Fiction. Man mag dem Film Weitsicht in Bezug auf die Flüchtlingsströme Afrikas zugestehen, ein Element seiner Story ist aber wenig überzeugend: Issa el-Mahdi wird trotz seiner scharfen, antieuropäischen Rhetorik und seines Entschlusses, den Europäern das Leid der Afrikaner vor die Haustür zu tragen, als eine Art schwarzer Gandhi dargestellt. Friedfertig führt er den Treck der Tausenden an, die gewaltlos und allein durch die schiere Macht ihrer Zahl die Verteidigung Europas durchbrechen wollen. Am Ende des 20. Jahrhunderts wurde das politische Handeln in Nordafrika und im Sudan aber nicht mehr von Gandhis Vorbild bestimmt, sondern vom islamischen Fundamentalismus. Würde *Der Marsch* heute noch einmal gedreht werden, so würde dem Islam im Film eine weitaus größere Bedeutung zukommen. Hier scheint mir die eigentliche Fiktion des Films zu liegen: So wie Issa el-Mahdi wünschten sich liberale und kritische Europäer vor 30 Jahren die Anführer antikolonialer afrikanischer Massenbewegungen. Die Ungleichheit zwischen Erster und, wie es damals noch hieß, »Dritter Welt« war vielen in Europa bekannt, und vielen war auch die Bekämpfung dieser Ungerechtigkeit ein Bedürfnis. Wie solches jedoch bewerkstelligt werden konnte, war damals ebenso unklar wie heute. *Der Marsch* drückt Sympathien für die vom Kolonialismus und vom Postkolonialismus – heute würden wir sagen: von der Globalisierung – ausgebeuteten Afrikaner aus sowie die Hoffnung, sie mögen sich in einer spektakulären, aber dennoch friedfertigen Aktion, die viel Presse erzeugt, gegen »die Reichen« in Europa wenden. Identifikationsfigur des Films ist aber nicht Issa el-Mahdi, sondern Clare Fitzgerald, die EU-Außenkommissarin, die sich innerhalb Europas erfolglos für die Belange der Afrikaner einsetzt und den Marsch als Gelegenheit begreift, auf diese Weise größere Unterstützung für Afrika zu gewinnen. Wie genau eine solche Unterstützung aber aussehen sollte, damit sie die Verhältnisse in Afrika nachhaltig ändert, weiß auch *Der Marsch* nicht zu sagen.

Dieses Unvermögen, zu wissen, wie die Verhältnisse auf der Welt geändert werden können, damit die Menschen in Europa nicht mehr als »die Reichen« gelten und jene in Afrika als »die Armen«, hat etwas mehr als zehn Jahre nach dem Film dazu geführt, dass nicht ein Issa el-Mahdi die politische Imagination vieler Afrikaner angefeuert hat, sondern ein Usāma bin Lādin. Während Issa el-Mahdi friedfertig mit seinen Anhängern durch die Wüste in Richtung Europa marschiert, wo schwer bewaffnetes Militär ihn erwartet, machte es Usāma bin Lādin den Film-Europäern gleich und wählte Gewalt. Die Anschläge auf New York und Washington vom September 2001 waren die reale Version des kinematografischen Marsches von 1990. Beide waren geplant als enorm pressewirksame Proteste gegen eine Übermacht »des Nordens« – oder »des Westens«, je nachdem, von wo aus man schaut. Doch während der von Europäern ausgedachte Protest im Film friedlich bleibt, war der reale gewalttätig und verbrecherisch. Usāma bin Lādin war der Anführer einer Terrororganisation, die nicht davor zurückschreckte, zur Verwirklichung ihrer Ziele – oder auch nur deshalb, um ein Symbol zu setzten – Tausende von Menschen umzubringen, seien es Nichtmuslime oder Muslime. Doch die Gewalt al-Qa'idas lässt sich nur dann verstehen, wenn man die koloniale und postkoloniale Gewalt miteinbezieht, die Europa und Nordamerika seit dem 16. Jahrhundert eingesetzt haben, um ihren Reichtum zu erhalten und auszubauen.

Der Film von 1990 drückt auch die Erwartung aus, dass die politischen Entscheidungen der Menschen in den Staaten, die an der Süd- und Ostküste des Mittelmeers liegen (mit Ausnahme Israels handelt es sich dabei mehrheitlich um muslimische Länder), unseren eigenen Entscheidungen ähneln sollten. Innerhalb Europas lassen wir Gewalt als Problemlösungsstrategie spätestens seit dem Ende des Zweiten Weltkriegs nicht mehr zu. Obwohl wir im Norden dem Süden keine Lösung des Problems der Unterentwicklung anbieten können, erwarten wir doch, dass der Protest friedlich verläuft. Wenn es wirklich 1990 eine Bewegung von Afrikanern gegeben hätte, wie sie der Film *Der Marsch* darstellt, dann wäre ihr realer Anführer auch damals schon ein islamischer Fundamentalist gewesen. Das bedeutet aber nicht, dass die Bewegung auch notwendig gewalttätig gewesen wäre. Islamischer Fundamentalismus und Gewalt gehören nicht zwangsläufig zueinander, nicht einmal in der Mehrheit der Fälle. Islamischer Fundamentalismus ist in der ersten Hälfte des 20. Jahrhunderts als Gegenbewegung zum Entwurf von kolonialisierten islamischen Gesellschaften, vor allem in Ägypten und in Britisch-Indien, entstanden. Islamischer Fundamentalismus richtet sich vor allem gegen einen Aspekt des Kolonialismus, der muslimische Gesellschaften nachhaltig geprägt hat, nämlich gegen die Einführung einer Trennung von Religion und Staat, also gegen Säkularismus.

Islamismus macht nur dort Sinn, wo eine mächtige Alternative zum Islam wahrgenommen wird. Islamische Fundamentalisten sehen im Säkularismus und in einem säkularisierten Islam (beides Phänomene, die in islamischen Gesellschaften erstmals im 19. Jahrhundert aufgetreten sind) eine solch mächtige Alternative, dass sie diese politisch bekämpfen. Vordenker des islamischen Fundamentalismus, wie etwa der Ägypter Ḥasan al-Bannā (1906–1949) oder der Inder Abū l-Aʿlā Maudūdī (1903–1979), haben dem Säkularismus in christlichen und europäisch geprägten Gesellschaften durchaus eine Existenzberechtigung zugesprochen. In Bezug auf islamische Gesellschaften haben sie ihn jedoch konsequent abgelehnt und gefordert, dass der Staat in diesen Gesellschaften immer ein islamischer Staat sein sollte, der von den Werten des Islams geprägt ist und dessen Institutionen eben diese Werte widerspiegeln. Was genau jedoch die Werte des Islams sind, und wie die Institutionen aussehen, die sie widerspiegeln, wird seit Beginn des islamischen Fundamentalismus, also seit fast einem Jahrhundert, heftig diskutiert.

Islamischer Fundamentalismus ist in den letzten zwei Generationen zu einer enorm breiten Bewegung angewachsen, die sich aber heute kaum noch auf einen gemeinsamen Nenner bringen lässt. Ähnlich der sozialistischen Bewegung, die fast ein Jahrhundert zuvor in Europa entstanden ist, hat sie sich in viele Flügel aufgespalten, die einander nicht selten politisch bekämpfen. Ganz so wie die Kommunisten in den 1920er Jahren gegen die Sozialdemokraten politisch zu Felde zogen, stehen sich heute islamische Fundamentalisten, die dem Ideal der Revolution anhängen, und solche, die politische Veränderungen durch Reform bewirken wollen, gegenüber. Schließlich gibt es innerhalb der nunmehr recht breiten Bewegung des islamischen Fundamentalismus auch die ganz radikalen Dschihadisten, die den revolutionären Kampf zur Etablierung von islamischen Staaten in der muslimischen Welt als »Dschihad« begreifen, als schon im Koran genannte »heilige Anstrengung« oder auch als »heiligen Krieg« zur Verteidigung des Islams.[38] Doch hier sind – ganz im Sinne der Ambiguitätstoleranz des Islams – beide Übersetzungen des Korantexts möglich. Zu diesen Dschihadisten gehören Terrororganisationen wie al-Qa'ida oder der IS (»Islamische Staat«). Dabei handelt es sich – wenn ich den Vergleich mit der sozialistischen Bewegung noch einmal heranziehen darf – ähnlich den *Brigate Rosse* in Italien oder der *Roten*

Armee Fraktion in Deutschland um Akteure, die sich dem politischen Prozess ihrer Heimatländer entzogen haben (oder von ihm ausgeschlossen wurden) und ihr Heil im internationalen Terrorismus suchen. Selbst wenn sie die Schlagzeilen in der westlichen Presse und damit auch unser Bild vom Islamismus bestimmen, bilden diese Gruppen aber nur eine Minderheit unter all den heute existierenden Gruppen des islamischen Fundamentalismus.

Ganz allgemein lässt sich der islamische Fundamentalismus als eine breite politische Bewegung beschreiben, in der der Prophet Muhammad ein *politisches* Ideal und auch Idol ist. Damit findet sich die Ablehnung von Säkularismus in islamischen Gesellschaften genauso ausgedrückt wie die Tatsache, dass diese Bewegungen sowohl politisch als auch religiös ausgerichtet sind. Sie lehnen die Trennung von Religion und Politik für den Islam ab. Trotz dieser Ablehnung einer Entwicklung, die erst im 19. Jahrhundert aufgetreten ist, darf islamischer Fundamentalismus jedoch nicht als eine reaktionäre Bewegung missverstanden werden, die muslimischen Gesellschaften einen Weg zurück in den vormodernen Islam – oder gar in die Lebenszeit des Propheten – bahnen will.

Der islamische Fundamentalismus stellt vielmehr eine Reaktion auf die Art und Weise dar, wie die Moderne in die islamische Welt gekommen ist. Insofern ist er selber eine ganz und gar moderne Bewegung. Die Lösungsvorschläge, die von islamischen Fundamentalisten gemacht werden, wollen nicht das Rad der Geschichte zurückdrehen und muslimische Gesellschaften in die Zeit vor 1798 zurückversetzen, als es keine modernen Nationalstaaten in der islamischen Welt gab. Ganz im Gegenteil: Das klassische politische Ideal des islamischen Fundamentalismus ist die Machtübernahme in einem solchen modernen Nationalstaat, dessen umfassende Machtmittel dann eingesetzt werden können, um die Gesellschaft nachhaltig zu islamisieren. Im Denken islamischer Fundamentalisten ist der moderne Nationalstaat unersetzlich, denn er ist das Mittel zur Erfüllung ihrer politischen Ziele.

Hierin aber liegt die Quadratur des Kreises des islamischen Fundamentalismus, der Widerspruch in sich und damit die Unmöglichkeit eines solchen Staates: Da der moderne Nationalstaat erst durch den Prozess der Säkularisation entstanden ist, lässt sich ein solcher Staat ohne Säkularisation kaum aufrechterhalten. Die Unmöglichkeit eines nichtsäkularen Nationalstaates zeigt sich an vielen Gradmessern, die ich hier nicht genauer ausführen kann, von denen ich aber den grundlegendsten zumindest andeuten möchte: Das Hauptproblem eines islamischen Staates liegt in der Bindung an das System des islamischen Rechts (der *Scharia*). Dies mag ein Rechtssystem sein, das an die Erfordernisse von vormodernen muslimischen Gesellschaften ideal angepasst war, mit ihren Tendenzen zur Synthese und zum gesellschaftlichen Ausgleich. Alle modernen Staaten, auch solche islamistischen Typs, sehen sich aber der Herausforderung durch zugespitzte gesellschaftliche Konfrontationen ausgesetzt, und unter diesen Bedingungen wird die heute nur noch in abgewandelter Form anwendbare Scharia ein Mittel der politischen Unterdrückung. Rechte der gleichberechtigten politischen Partizipation oder der Schutz von Minderheiten können, so sehen wir z. B. im Iran, mit dem Hinweis auf die von Gott gewollte privilegierte Position einiger Gesellschaftsgruppen (im

Iran: die der schiitischen Rechtsgelehrten) ausgehebelt werden. Dieser Einwand wurde am deutlichsten von dem palästinensisch-kanadischen Islamwissenschaftler Wael B. Hallaq (* 1955) vorgebracht, der argumentiert, dass das islamische Recht in den muslimischen Gesellschaften der vormodernen Periode entwickelt wurde, als es weder moderne Nationalstaaten noch Säkularismus gab. Soll es jetzt im Kontext solcher Nationalstaaten als Gegengift gegen Säkularisation wieder eingeführt werden, so führt dies zwangsläufig zu solch gravierenden Veränderungen, dass die Ideale, denen das islamische Recht über viele Jahrhunderte gedient hat, letztlich überhaupt nicht mehr verwirklicht werden können, und die Scharia droht, zu einem Mittel der Despotie zu werden.[39] Dennoch müssen auch die Kritiker modern-staatlicher Scharia-Gesetzgebung eingestehen, dass sich im riesigen Korpus der muslimischen Rechtsliteratur viele Anregungen finden, die Muslime wie auch muslimische Gemeinden – vielleicht sogar muslimisch dominierte Nationalstaaten – in ihren Ideen über Gerechtigkeit und Fairness leiten können.

Islamische Gesellschaften aus der Periode zwischen etwa 1100 und 1800 haben nach anderen Regeln funktioniert, als wir es heute von unseren Gesellschaften gewohnt sind. Sie haben auch ganz anders funktioniert als heutige Gesellschaften, die vom Islam geprägt sind. Der Prozess der Modernisierung hat islamische Gesellschaften jedoch an die Funktionsweise moderner westlicher Gesellschaften angepasst.

Ich habe in diesem Essay versucht, einige der Unterschiede deutlich zu machen, die vormoderne Gesellschaften von den uns gut bekannten unterscheiden. Dazu gehört zum Beispiel eine größere Toleranz für Ambiguität, das Bestreben nach Ausgleich und Synthesis sowie ein anderes Verständnis von Religion, das den für uns so entscheidenden Gegensatz zwischen religiös und weltlich (das Säkulare) nicht kennt. Einer der bedeutendsten Unterschiede liegt in unserer Erwartung von Fortschritt und Leistungssteigerung, die unsere Gesellschaften, ja unsere Lebensweise jeden Moment prägt. Wenn wir den Kulturprodukten der nachklassischen islamischen Gesellschaften, also ihrer Literatur, ihrer Philosophie oder auch ihrer bildenden Kunst und Architektur entgegentreten, dann finden wir, dass hier weder die Erwartung, ja oft nicht einmal die Möglichkeit von Fortschritt ausgedrückt wird. Das führt auf unserer Seite schnell zu einer Erfahrung von Distanz zu diesem so Ungewohnten. Manchmal finden wir diese Distanz und die empfundene »Zeitlosigkeit« dieser Kulturprodukte faszinierend, etwa bei der bildenden Kunst, der Architektur oder bei den Geschichten aus *Tausendundeiner Nacht*. Oft bleiben sie uns aber einfach nur fremd, was für den Großteil der arabischen Literatur aus der nachklassischen Epoche gilt. Schließlich finden wir sie oft minderwertig und sogar abstoßend, wie im Falle der nachklassischen Philosophie im Islam, die bis vor kurzem als solche gar nicht erkannt wurde.

Der Mangel an Fortschritt und gleichzeitig die Erwartung, dass es immer Fortschritt geben wird und geben muss, ist für uns, so denke ich, eine fast unüberwindbare Hürde, die es uns schwer macht, nachklassische islamische Gesellschaften wirklich zu verstehen. Fast immer, wenn ich Vorträge über meine Forschungen zur nachklassischen Philosophie im Islam gebe (also zum Thema des vierten

Kapitels), dauert es nicht lange, bis ich gefragt werde, welche Errungenschaften denn diese Art Philosophie hervorgebracht habe. Welche Lehren wurden vorangetrieben und welche Weltsichten wurden entwickelt? Gab es hier ein dem *cogito ergo sum* des René Descartes (1596–1650) vergleichbaren Neuanfang, der das Denken revolutionierte? Die ehrliche Antwort darauf ist, dass wir das nicht wissen und auch noch nicht wissen können, weil wir diese ganze philosophische Tradition so lange vernachlässigt haben, dass wir sie kaum kennen. Wir müssen sie also erst studieren. Ich frage dann aber auch zurück, ob es wirklich solcher Errungenschaften bedarf, um diese Tradition der Philosophie ernst nehmen zu können: Ist Leistung in jedem Fall mit Fortschritt gleichzusetzen? Macht der Anspruch, einem philosophischen Problem auf den Grund zu gehen, es möglichst facettenreich zu diskutieren und vorgeschlagene Lösungen miteinander zu vergleichen, nicht schon gute und leistungsstarke Philosophie aus, und zwar auch dann, wenn sich mit dieser Diskussion kein Anspruch verbindet, das Problem tatsächlich zu lösen und die Welt vorantreiben zu wollen?

Auch in der westlichen Philosophie wurden gewisse Probleme als philosophisch unlösbar erkannt. Dazu gehört beispielsweise die Frage, ob Gott existiert, welche Attribute Gott hat oder ob die Welt von Ewigkeit an besteht oder in der Zeit geschaffen wurde. Immanuel Kant (1724–1804) hat sich in seiner *Kritik der reinen Vernunft* u. a. der Aufgabe verschrieben, solche philosophisch unlösbaren Probleme und »Antinomien« als unauflösbare Widersprüche zu identifizieren. Kant nennt vier Antinomien der reinen Vernunft, darunter jene beiden Fragen nach der Ewigkeit der

Welt und der Existenz »eines schlechthin notwendigen Wesens«, das die Ursache der Welt ist.[40] Diese Antinomien sind nicht lösbar, da hier ein falscher Gebrauch von der Vernunft gemacht werde, indem die Grenze des Wissbaren überstiegen wird.

Fragen, die die Philosophie nicht entscheiden kann, wurden in der westlichen Tradition allzu häufig an das Fach der Theologie delegiert. Auch dieser Trennung unterliegt die gedankliche Unterscheidung zwischen dem Weltlichen und dem Religiösen. Da es eine solche in der nachklassischen Philosophie des Islams nicht gibt, verblieben dort die vermeintlich unlösbaren Probleme unmittelbar in der Philosophie. Philosophie unterscheidet von Theologie im nachklassischen Islam nicht wie im Westen das Forschungsobjekt (Gott auf Seiten der Theologie, Gottes Schöpfung oder die Welt auf Seiten der Philosophie), sondern die Forschungsmethode.

Wir tun uns nicht nur schwer, Gesellschaften, die nicht auf der Basis von Fortschritt und Leistungssteigerung gebaut sind, zu verstehen, sondern wir können sie auch im Grunde nicht wertschätzen. Die Zitate, die ich in diesem Buch aus der islamwissenschaftlichen Literatur des 19. und 20. Jahrhunderts präsentiert habe, sprechen eine deutliche Sprache: Stagnation bedeutet Niedergang. Wenn eine Kultur das rasante Tempo, das der Westen in seiner Entwicklung seit der wissenschaftlichen Revolution des 16. Jahrhunderts vorgelegt hat, nicht mithalten konnte, galt sie automatisch als zurückgeblieben und dekadent. Das hieß auch: Sie war reif für das Eingreifen des europäischen Kolonialismus und musste damit rechnen, bei nächstpassender Gelegenheit überfallen zu werden.

Ich habe mehrmals in diesem Essay angeführt, dass ich einen Verfall und Niedergang im Kairo des ausgehenden 18. Jahrhunderts – also kurz vor dem französischen Überfall von 1798 – nicht entdecken kann. Wer etwa al-Ǧabartīs Chronik der Jahre vor 1798 liest, die anders als die der Jahre nach 1798 leider nicht in eine europäische Sprache übersetzt wurde, findet dort eine äußerst komplexe Gesellschaft geschildert, die sich beispielsweise intensive Gedanken über ihre eigenen Werte und Vorstellungen machte. Al-Ǧabartī war zuerst ein Student und später ein guter Freund von al-Murtaḍā az-Zabīdī (1732–1798), einem der bedeutendsten muslimischen Gelehrten seiner Zeit. Er hat einen zehnbändigen Kommentar zu einem der wichtigsten Bücher aus Islams klassischer Periode, nämlich al-Ġazālīs *Iḥyā' 'ulūm ad-dīn* (*Die Wiederbelebung des religiösen Wissens)*, verfasst. Hier reflektiert er über eine große Anzahl von ethischen Themen, die der große Theologe des 11. Jahrhunderts angesprochen hat.[41] Was die Tiefe der Gedanken und vor allem Gründlichkeit der Untersuchung angeht, kann al-Murtaḍā az-Zabīdī es durchaus mit seinem Vorbild al-Ġazālī aufnehmen – einer Ikone des klassischen Islams und eines fälschlich sogenannten »Goldenen Zeitalters«. Al-Murtaḍā az-Zabīdī hatte im Jemen und in Indien studiert und führte von Kairo aus eine rege Korrespondenz mit Gelehrten in fast allen Ländern der islamischen Welt. Für al-Ǧabartī war er ein »Zauberer, der mit der Bedeutung von Wörtern spielte« (*al-sāhir al-lā'ib bi-l-afhām*).[42] Man kann sich nun bei all der Begeisterung al-Ǧabartīs ernsthaft fragen, ob das Denken al-Murtaḍā az-Zabīdīs an die Komplexität seines Zeitgenossen Immanuel Kant heranreichte. Selbst wenn die Antwort darauf negativ ausfallen sollte, bedeutet das noch lange nicht, dass al-Murtaḍā az-Zabīdī in einer Gesellschaft des Niedergangs gelebt hat.

In der Geschichts- und auch der Islamwissenschaft sollte es nicht darum gehen, außereuropäischen Städten oder Ländern Noten in Fächern wie »Fortschritt« oder »Leistungssteigerung« zu geben. Wenn dieser Eindruck in diesem Buch entstanden ist, dann nur deshalb, weil die westliche Geschichts- und Islamwissenschaft genau dies in den letzten zweihundert Jahren getan hat –, mit Konsequenzen, die die Bewohner dieser Städte und Länder zu spüren bekamen. Mir geht es nicht darum, die Stadt Kairo im ausgehenden 18. Jahrhundert nach wirtschaftlichen, politischen und moralischen Idealen zu bewerten, die letztlich unserer Gegenwart entnommen sind. Ich möchte allerdings darauf hinweisen, dass jene westlichen Wissenschaftler, die Mängel in der Verwirklichung solcher Ideale festgestellt haben, zu ihren Urteilen kamen, ohne diese Städte und Länder wirklich gekannt zu haben. Sie kannten beispielsweise nicht die nachklassische Philosophie. Gleichzeitig möchte ich darauf hinweisen, dass unsere kollektive Haltung zu den Bewohnern jener außereuropäischen Städte und Länder noch tief von den Urteilen dieser Generation von westlichen Wissenschaftlern beeinflusst ist. Das Denken Ernest Renans, Tjitze de Boers oder Ignaz Goldzihers ist alles andere als überwunden.

Ich möchte diese Untersuchung mit einem Plädoyer dafür schließen, den Islam nicht immer im Vergleich mit »uns« wahrzunehmen. Dies scheint mir das Grundübel des Ansatzes, den Renan sowie de Boer oder Goldziher gewählt haben. Hinter jeder Untersuchung des Islams stand die Frage, ob es dort besser, schlechter, ähnlich oder anders gemacht wurde. Kolonialismus zwingt diese Perspektive auf, geht es doch in jenem Projekt, das die ganze Welt über weite Strecken des 19. und 20. Jahrhunderts erfasst und unterworfen hatte, stets darum nachzuweisen, warum die Länder im Süden von »uns« legitimerweise beherrscht werden sollten. Ich sehe deshalb hinter dem Bedürfnis, den Islam vergleichend wahrzunehmen, eine arrogante Denkweise, die letztlich immer noch kolonialistischen Idealen verpflichtet ist. Den Islam wirklich verstehen zu wollen, bedeutet, ihn nicht vergleichend wahrzunehmen, ihn nicht stets an »uns« messen zu wollen.

Vormoderne muslimische Gesellschaften vor 1800 unterscheidet von ihren zeitgenössischen Nachfolgern zuallererst der Prozess der Kolonialisierung. Das Jahr 1798 wird in diesem Buch deshalb so häufig bemüht, weil es den Beginn des europäischen Kolonialismus in der arabischen Welt markiert. Während keiner anderen Epoche haben sich islamische Gesellschaften so schnell und so weitgehend verändert, wie in den eineinhalb Jahrhunderten kolonialer Durchdringung, die auf 1798 folgten. Wer vom Islam eine Reformation einfordert, muss sich vor Augen führen, dass während des Zeitalters des Kolonialismus die Einführung einer gänzlich neuen Art von Gesetzgebung, die von europäischen Beispielen inspiriert war, einen Prozess enormer Modernisierung und auch Säkularisierung eingeleitet hat. Dies kann man auch als eine Reformation im Schweinsgalopp verstehen. In unserem heutigen Denken über den Islam spielt die Epoche des Kolonialismus allerdings nur eine untergeordnete Rolle. Gerade Deutschland sieht sich aufgrund der seit 1918 fehlenden direkten Verwicklung in koloniale Herrschaft wenig dazu ermutigt, über den Prozess der Kolonialisierung intensiv nachzudenken.

Kolonialismus ist nach wie vor in vielem präsent, was unsere Lebenswelt bestimmt. Ist *Der Marsch* nicht eigentlich ein Film über die Spätfolgen von Kolonialismus? Wenn Issa el-Mahdi sagt, dass die Afrikaner arm sind, *weil* die Europäer reich sind, meint er damit nicht den Kolonialismus? Aber hat Issa Recht? Ist Afrika arm und Europa reich, weil es vor mehr als 100 Jahren den Prozess der Kolonialisierung Afrikas gegeben hat? Hier ist, wie ich finde, eine öffentliche Debatte fällig, die sich vielleicht eines Tages in gleicher Weise in den Lehrplänen deutscher Schulen niederschlagen könnte, wie es die Auseinandersetzung mit dem Holocaust seit dem Beginn der 1970er Jahre getan hat. Zu dieser Debatte gehört auch die Einsicht, dass der moderne Islam – wie jede Religion außerhalb Europas – ganz wesentlich vom Prozess der Kolonialisierung geprägt wurde. Der zeitgenössische Islam – will heißen: der Islam in »der Moderne« – wäre nicht das, was er ist, ohne die Epoche des Kolonialismus. Die Moderne ist zum Islam auf ganz andere Weise gelangt als zu irgendeiner Religion in Europa. Mehr noch: Unser Denken über den Islam, über Fort- und Rückschritt dieser Religion ist nach wie vor von Urteilen geprägt, die im Kontext des Kolonialismus gefällt wurden. Wir können zu einem besseren Denken auch über den Islam gelangen, wenn es uns gelingt, eine kritische Debatte über Kolonialismus zu führen und ihn in unser Denken über den Islam miteinzubeziehen.

Schließen möchte ich dieses Buch mit einem Hinweis auf die Faszination, die die Andersartigkeit einer nachklassischen islamischen Kultur ausüben kann, die es wie gesagt weitgehend erst noch zu entdecken gilt. Der vorurteilsfreie Blick auf vorislamische Gesellschaften mag Einsichten über die eigene Gesellschaft erlauben, die sonst nur schwer zu bekommen wären. Wer sich jemals von der Exotik, also der Fremdheit und Unvertrautheit, der Geschichten von *Tausendundeiner Nacht* hat bezaubern lassen, kann sich leicht vorstellen, wie sehr man sich für andere Kulturprodukte dieser so ganz anderen Art von Gesellschaft begeistern könnte. Wie bei der Lektüre von *Tausendundeiner Nacht* bedarf es dabei aber vor allem viel Zeit und Geduld. Wer diese aufbringt, mag mit Erfahrungen und Einsichten belohnt werden, die in unserer von Fortschritt und Leistungssteigerung dominierten Gesellschaft vielleicht so nicht möglich sind.

Anmerkungen

1 Leo N. Tolstoi, *Hadschi Murat*, übers. von A. Scholz, Berlin 1946, S. 8.

2 Ebd., S. 9.

3 *Levée en masse*: frz. für ›Massenaushebung‹, die Aushebung von Rekruten als eine Vorform der Wehrpflicht, die 1793 während des Ersten Koalitionskriegs in vielen Regionen Frankreichs zu Unruhen führte.

4 Zu diesen Zahlen siehe Lesley Newson / Peter J. Richerson, »Why Do People Become Modern? A Darwinian Explanation«, in: *Population and Development Review* 35 (2009) S. 117–158, S. 136 f.

5 Die Reproduktion eines Originals des Flugblattes findet sich in *Al-Jabartī's Chronicle of the First Seven Months of the French Occupation of Egypt*, hrsg. und übers. von S. Moreh, Leiden 1975, Platte XIII, woraus ich diesen Text unter Korrektur der zahlreichen Druckfehler übersetzt habe. Der Text wird auch in al-Ǧabartīs Chronik *Aǧā'ib al-aṯār fī t-tarāǧim wa-l-aḫbār*, hrsg. von 'A. 'A. 'Abdarraḥīm, 4 Bde., Kairo 1997–98 (Ausg. des Dār al-Kutub), Bd. 3, S. 4 f., unter dem Datum 25. Muḥarram 1213 (= 9. Juli 1798) etwas abweichend überliefert. Ein *Tschorbadschi* meint hier wohl einen Dorfvorsteher oder reichen Landbesitzer. Al-Ǧabartīs Chronik ist in Auszügen ins Deutsche übersetzt: *Bonaparte in Ägypten. Aus der Chronik des 'Abdarraḥmān al-Ǧabartī (1754–1829)*, übers. von A. Hottinger, München/Zürich [2]1989, das Dokument dort auf S. 86–88. In seiner detaillierten Chronik der Monate französischer Besetzung (*Ta'rīḫ muddat al-Fransais bi-Miṣr*) kommentiert und analysiert al-Ǧabartī dieses Dokument ähnlich wie in einem Koran-Kommentar; siehe die Edition und engl. Übers. in: *Al-Jabartī's Chronicle of the First Seven Months of the French Occupation*, S. 7–17 (arab.) und S. 40–47 (engl.).

6 al-Ǧabartī, *Aǧā'ib al-aṯār*, Bd. 3, S. 20, unter 16 Ṣafar 1213 (= 30. Juli 1798). *Bonaparte in Ägypten*, S. 108. Siehe auch al-Ǧabartīs Chronik der Monate französischer Besetzung in *Al-Jabartī's Chronicle of the First Seven Months of the French Occupation*, S. 33 (arab.) und S. 60 (engl.). Nora Lafi, »Mapping and Scaling Urban Violen-

ce. The 1800 Insurrection in Cairo« (in: *Urban Violence in the Middle East*, hrsg. von U. Freitag / N. Fuccaro / C. Ghrawi und N. Lafi, New York / Oxford 2015, S. 29–51, S. 32) beschreibt die Dynamik dieses Einschnittes im Kontext der zwei Aufstände gegen die Franzosen 1798 und 1800.

7 Siehe al-Ǧabartīs Chronik der Monate französischer Besetzung (*Ta'rīḫ muddat al-Fransais bi-Miṣr*), ediert und ins Englische übersetzt in: *Al-Jabartī's Chronicle of the First Seven Months of the French Occupation*, S. 89–91 (arab.) und S. 114–116 (engl.).

8 Die als »al-Mūskī« oder auch als »Neuer Weg« (*al-sikka al-ǧadīda*) bekannte schnurgerade Straße vom Mīdān al-ʿAtaba zur Ḥusain-Moschee im Azhar-Viertel ist die Verlängerung der ersten »Einkaufsstraße« im ehemaligen Frankenviertel (*ḥārat al-ifranǧ*). Die Arbeit wurde 1845 zum Ende der Herrschaft Muḥammad ʿAlīs (reg. 1805–1848) begonnen und in den kommenden zwei Jahrzehnten langsam zu ihrem Ende geführt.

9 Peter Christensen, *The Decline of Iranshahr. Irrigation and Environments in the History of the Middle East 500 B. C. to A. D. 1500*, aus dem Dän. ins Engl. übers. von S. Sampson, Kopenhagen 1993, S. 9.

10 Ebd.

11 Georg Wilhelm Friedrich Hegel, *Vorlesungen über die Geschichte der Philosophie*, in: G. W. F. H., *Werke in zwanzig Bänden. Auf der Grundlage der Werke 1832–1845 neu edierte Ausg. (Theorie-Werkausgabe)*, hrsg. von E. Moldenhauer / K. M. Michel, 21 Bde., Frankfurt a. M. 1969–1979, Bd. 19, S. 517.

12 Ebd., S. 522.

13 In der ersten Auflage von Ernest Renan, *Averroès et l'averroïsme. Essai historique*, Paris 1852, S. 1, heißt es noch: »Als Averroes 1198 starb, verlor die arabische Philosophie in ihm ihren letzten Repräsentanten.« In der erweiterten zweiten Auflage von 1861 fügt Renan hinzu: »[…] und der Triumph des Korans über das Freidenkertum war für mindestens sechshundert Jahre gesichert.«

14 Tjitze J. de Boer, *Geschichte der Philosophie im Islam*, Stuttgart 1901.

15 Renan, *Averroes et l'averroïsme*, 2. Aufl., S. 28.

16 ʿAbdarraḥmān Badawī, *Histoire de la philosophie en Islam*, 2 Bde., Paris 1972.

17 Ignaz Goldziher, »Die islamische und die jüdische Philosophie des Mittelalters«, in: Wilhelm Wundt / Hermann Oldenberg [u. a.], *Allgemeine Geschichte der Philosophie*, Berlin/Leipzig 1909, S. 45–77, S. 63. Goldzihers bedeutendster Beitrag zu diesem Thema war sein wirkungsmächtiger Artikel »Stellung der alten islamischen Orthodoxie zu den antiken Wissenschaften«, erschienen in den *Abhandlungen der königlich preussischen Akademie der Wissenschaften. Philosophisch-historische Klasse* (1915) Nr. 8 und wiederabgedr. in: Goldzihers *Gesammelte Schriften*, hrsg. von J. Desomogyi, 6 Bde., Hildesheim 1967–1973, Bd. 3, S. 357–400.

18 Ignaz Goldziher, *Vorlesungen über den Islam*, Heidelberg 1910, S. 178.

19 Die beiden erscheinen bei ihm unter den Namen »Ibnu El-Chatib Rasi« und »Nasiroddinus«. Siehe Johann Jakob Brucker, *Historia critica philosophiae*, 6 Bde., Leipzig ^{2}1766–1767, Bd. 3, S. 113–118.

20 Kātib Čelebī, *Kašf aẓ-ẓunūn ʿan asāmī l-kutub wa-l-funūn*, hrsg. von Ş. Yaltkaya und R. Bilge, 2 Bde., Istanbul 1941–1943.

21 Barthélemy d'Herbelot, *Bibliothèque orientale, ou, Dictionaire universel contenant tout ce qui fait connoître les peuples de l'Orient* [...], 4 Bde., Den Haag ^{2}1777–1779. Darin enthalten sind eine Vielzahl von Artikeln über nachklassische Philosophen im Islam und ihre Werke (einschließlich Hinweisen, welche davon in der königlichen Bibliothek in Paris vorhanden sind). Siehe z. B. die Artikel über Faḫraddīn ar-Rāzī (Bd. 3, S. 116 f.) sowie über sein Buch *al-Muḥassal* (Bd. 2, S. 684) und den Kommentar dazu von al-Kātibī al-Qazwīnī (Bd. 2, S. 642, über den Autor nur kurz: Bd. 1, S. 527); weiter die Artikel über Abū l-Barakāt al-Baġdādī (Bd. 2, S. 223), Aṯīraddīn al-Abharī (Bd. 1, S. 21), Quṭbuddīn ar-Rāzī (Bd. 3, S. 118) oder Naṣīraddīn aṭ-Ṭūsī (Bd. 3, S. 26) und seine Werke *Aḫlāq al-Nāsirī* (Bd. 3, S. 27) sowie sein *Taǧrīd al-aqāʾid* und die vielen Kommentare dazu (Bd. 3, S. 385 f.) und schließlich auch den aufschlussreichen Artikel über *ḥikma* (Bd. 2, S. 233 f.). D'Herbelots Enzyklopädie wurde auch ins Dt. übers.: *Orientalische Bi-*

bliothek, oder, Universalwörterbuch, welches alles enthält, was zur Kenntniss des Orients nothwendig ist, übers. von J. C. F. Schulz, 4 Bde., Halle 1785–1790.

22 Zur Einführung in die arabische und islamische Philosophie siehe Ulrich Rudolph, *Islamische Philosophie. Von den Anfängen bis zur Gegenwart*, München 2004; zur Vertiefung siehe Heidrun Eichner / Matthias Perkams / Christian Schäfer (Hrsg.), *Islamische Philosophie im Mittelalter. Ein Handbuch*, Darmstadt [2]2017.

23 Ins Dt. übers. von Patric O. Schaerer, *Der Philosoph als Autodidakt. Hayy ibn Yaqzan. Ein philosophischer Insel-Roman*, Hamburg 2006.

24 Hier ist vor allem die sogenannte Junctas-Gesamtausgabe der Werke Aristoteles' mit den Kommentaren des Averroes von 1562 hervorzuheben: *Aristotelis omnia quae extent opera [...] Averrois Cordubensis in ea opera omnes, qui ad haec usque tempera pervenere, commentarii*, 13 Bde., Venedig 1562; Nachdr. mit abweichender Bandeinteilung: *Aristotelis opera cum Averrois commentariis*, 9 Bde. und 3 Supplementbd., Frankfurt a. M. 1962.

25 Die Anzahl der Übersetzungen von Werken Avicennas ins Hebräische und auch ihr dortiger Einfluss übertrifft die Präsenz und den Einfluss seines Denkens im lateinischen Schrifttum bei weitem. Zum Einfluss arabischer Philosophie auf Spinoza siehe z. B. Carlos Fraenkel, *Philosophical Religions from Plato to Spinoza. Reason, Religion, and Autonomy*, Cambridge 2012.

26 Siehe dazu Heidrun Eichner, *The Post-Avicennian Philosophical Tradition and Islamic Orthodoxy. Philosophical and Theological summae in Context*, Habilitationsschrift an der Martin-Luther-Universität Halle-Wittenberg 2009.

27 Francis Robinson, »Ottomans-Safavids-Mughals: Shared Knowledge and Connective Systems«, in: *Journal of Islamic Studies* 8 (1997) S. 151–184, S. 181.

28 Šamsaddīn as-Samarqandī (gest. 1322), *al-Risāla fī ādāb al-baḥṯ wa-l-munāẓara*. Siehe dazu Abdessamad Belhaj, »Ādāb al-baḥth wa-al-munāẓara: the Neglected Art of Disputation in Later Medieval Islam«, in: *Arabic Sciences and Philosophy* 26 (2016) S. 291–307.

29 Die beiden wichtigsten Lehrbücher der Philosophie waren *Hidāyat al-ḥikma* von Aṯīraddīn al-Abharī (gest. 1265), das in einer arab.-engl. Ausg. vorliegt (*A Guide to Philosophy: The Hidāyat al-Ḥikmah of Athīr al-Dīn al-Mufaḍḍal ibn ʿUmar al-Abharī al-Samarqandī*, als Faksimile hrsg. und übers. von Syed Ali Tawfik al-Attas, Selangor [Malaysia] 2009) und *Ḥikmat al-ʿayn* von Naǧmaddīn al-Kātibī al-Qazwīnī (gest. um 1294), zusammen mit den vielen Kommentaren zu diesen beiden Büchern.

30 de Boer, *Geschichte der Philosophie im Islam*, S. 150–152.

31 Lat. Text und dt. Übers. in: Kurt Flasch, *Aufklärung im Mittelalter? Die Verurteilung von 1277. Das Dokument des Bischofs von Paris*, Mainz 1989, S. 89, 93.

32 Thomas Bauer, *Die Kultur der Ambiguität. Eine andere Geschichte des Islams*, Berlin 2011, S. 61–68.

33 Ebd., S. 376 f.

34 Dieses Phänomen wird bei Fuat Sezgin (1924–2018) in einem Kapitel (»B. Die Entdeckung des amerikanischen Kontinents durch muslimische Seefahrer vor Kolumbus«) im 12. Bd. seiner *Geschichte des arabischen Schrifttums, Mathematische Geographie und Kartographie im Islam und ihr Fortleben im Abendland*, Frankfurt a. M. 2007, S. 119–165, angesprochen, aber leider nicht erschöpfend erforscht. Sezgin fragt, wie es kommt, dass die europäischen Karten, die nur wenige Jahre nach 1492 (Kolumbus' Entdeckung Amerikas) sowie 1498 (Vasco da Gamas Fahrt nach Indien) entstanden sind, äußerst detaillierte Informationen über Küstenabschnitte von Südamerika und der Ostküste Afrikas enthalten, obwohl die Europäer diese Küsten erst wenige Jahre kannten und nicht in der Lage waren, Längengrade zu bestimmen. Er vermutet, dass die spanischen und portugiesischen Entdecker Erben einer entwickelten kartografischen Tradition waren und arabische Karten zur Verfügung hatten, in denen die Ostküste Afrikas genau vermessen war, und die selbst Südamerika, einschließlich der Magellanstraße verzeichneten. Wesentlich für Sezgins Argument ist die Atlantikkarte des osmanischen Kartografen Piri Reis von 1521–1524, in der die Mündung des Rio della Plata verzeichnet ist, obwohl sie erst später von Europäern ent-

deckt wurde. Man kann nur hoffen, dass die von Sezgin angedeuteten Zusammenhänge genauer untersucht werden. Das Argument, dass iberische Entdecker arabische Karten verwendeten, die sie anderen Benutzern vorenthielten, hat einiges für sich. Was diese längst verlorenen Karten aber nun genau enthalten haben könnten, bedarf der genaueren Erforschung.

35 Bernard Lewis, *What Went Wrong? Western Impact and Middle Eastern Response*, New York 2002.

36 Solomon (auch: Shlomo) Pines, »Some Problems of Islamic Philosophy«, in: *Islamic Culture* 11 (1937) S. 66–80, Zitat S. 80.

37 *Der Marsch* (Großbritannien 1990), Regie: David Wheatley, Drehbuch: William Nicholson.

38 Siehe z. B. Sure 4, Vers 95 im Koran: »Diejenigen Gläubigen, die daheim bleiben und keinen Schaden nehmen sind nicht denen gleichzusetzten, die sich mit ihrem Gut und mit ihrer eigenen Person auf dem Pfad Gottes abmühen (oder auch: die mit ihrem Gut und mit ihrer eigenen Person auf dem Pfad Gottes kämpfen).« Der letzte Satzteil lautet auf Arabisch: »[…] *al-muǧāhidūna fī sabīl Allāh bi-amwālihim wa-anfusihim*«.

39 Wael B. Hallaq, *The Impossible State. Islam, Politics, and Modernity's Moral Predicament*, New York 2013.

40 Immanuel Kant, *Kritik der reinen Vernunft*, hrsg. von W. Weischedel, 2 Bde., Frankfurt a. M. 1968, Bd. 2, S. 412–419, 434–440 (A 426–433, 452–461 / B 454–461, 480–489).

41 al-Murtaḍā az-Zabīdī, *Itḥāf as-sāda al-muttaqīn bi-šarḥ Iḥyā' 'ulūm ad-dīn*, 10 Bde., Kairo 1311 [1894], neu hrsg. in 12 Bden., Beirut 2005.

42 al-Ǧabartī, *Aǧā'ib al-aṯār*, Bd. 2, S. 303 (1205 AH). Zu al-Murtaḍā az-Zabīdī siehe Stefan Reichmuth, *The World of Murtaḍā al-Zabīdī (1732–91). Life Networks and Writings*, Cambridge 2009, wo al-Ǧabartīs Nachruf auf S. vii ins Englische übersetzt ist. Zum Netzwerk seiner Korrespondenz, siehe dort S. 149–210.

Zum Autor

Frank Griffel wuchs in Nienburg (Niedersachsen) auf und studierte in Göttingen, Damaskus und Berlin Philosophie, Arabistik und Islamwissenschaft. Er wurde 1999 an der Freien Universität Berlin im Fach Philosophie promoviert und trat, nachdem er ein Jahr am Orientinstitut in Beirut (Libanon) gearbeitet hatte, eine Stelle als Assitant Professor an der Yale Universität in New Haven, Connecticut, an. Mittlerweile Professor für Islamwissenschaften, lehrt und forscht er dort über die Ideengeschichte im Islam. Sein besonderes Interesse gilt dem Verhältnis der islamischen Theologie zur Tradition der griechischen Philosophie sowie den Reaktionen islamischer Denker auf den Kolonialismus und die Moderne. Griffel war von 2003 bis 2004 Mitglied am Institute for Advanced Study (Princeton, USA), 2007 Carnegie Scholar und erhielt 2015 den Friedrich-Wilhelm-Bessel-Preis der Alexander von Humboldt Stiftung sowie 2011 die Welt-Auszeichnung für das Buch des Jahres der Islamischen Republik Iran.

Veröffentlichungen (Auswahl)

Apostasie und Toleranz im Islam. Die Entwicklung zu al-Ġazālīs Urteil gegen die Philosophie und die Reaktionen der Philosophen. Leiden 2000.

Al-Ghazālī's Philosophical Theology. New York 2009.

Über Rechtgläubigkeit und religiöse Toleranz. Eine Übersetzung der Schrift ›Das Kriterium der Unterscheidung zwischen Islam und Gottlosigkeit‹. Zürich 1998.

Averroes' Maßgebliche Abhandlung. Berlin 2010.

Islamische Philosophie und westliche Forschung. Die Geschichte einer (bislang) nicht immer glücklichen Beziehung. In: Widerspruch. Münchener Zeitschrift für Philosophie 63 (2017) S. 83–88.

What Do We Mean By ›Salafi‹? Connecting Muḥammad 'Abduh with Egypt's Nūr Party in Islam's Contemporary Intellectual History. In: Welt des Islams 55 (2015) S. 186–220.

Ibn Taymiyya and His Ash'arite Opponents on Reason and Revelation: Similarities, Differences, and a Vicious Circle. In: The Muslim World 108 (2018) S. 11–39.